志愿助残工作手册

编委会名单

主　　　任：吕世明

执 行 主 任：曹跃进

执行副主任：张超英　常征

撰稿人及工作人员（按姓氏汉语拼音顺序排列）：

许家成　林勇强　韩润峰　林　达　傅国栋
郭韶华　朱春林　彭冰泉　何一帆　杨　明
刘　杰　李　霞　李小娜　赵济华　刘艳虹
郝传萍　邓丽娟

目 录

第一篇 志愿助残的基本理念

第一章 现代文明社会的残疾人观 ······ 3

第一节 "残疾人"的概念 ······ 3

第二节 现代文明社会的残疾人观 ······ 7

第二章 志愿助残服务 ······ 19

第一节 志愿者、志愿服务、志愿精神 ······ 19

第二节 志愿助残的指导思想及原则 ······ 27

第三节 助残志愿者需要具备的素质 ······ 30

第四节 助残志愿者的心理准备 ······ 31

第五节 构建助残志愿者的支持与保障体系 ······ 43

第六节 我国志愿助残服务的发展 ······ 46

第二篇　志愿助残知识与技能

第一章　为视力残疾人服务 ·· 63

　　第一节　什么是视力残疾 ··· 63

　　第二节　为视力残疾人服务的礼仪 ································ 68

　　第三节　助盲的基本技能 ··· 71

第二章　为听力、言语残疾人服务 ································· 86

　　第一节　什么是听力残疾 ··· 86

　　第二节　关于言语残疾 ·· 90

　　第三节　听力、言语残疾人的服务需求 ························ 92

　　第四节　为听力、言语残疾人服务的礼仪与技能 ··········· 94

第三章　为肢体残疾人服务 ··· 104

　　第一节　什么是肢体残疾 ··· 104

　　第二节　为肢体残疾人服务的礼仪 ································ 108

　　第三节　为肢体残疾人服务的基本技能 ························· 111

第四章　为智力残疾人服务 ··· 125

　　第一节　什么是智力残疾 ··· 125

第二节　与智力残疾人交往的礼仪 ………………… 132

　　第三节　为智力残疾人服务的内容 ………………… 135

　　第四节　为智力残疾人提供支持 …………………… 139

第五章　为精神残疾人服务 ……………………………… 145

　　第一节　什么是精神残疾 …………………………… 145

　　第二节　精神残疾人的服务需求 …………………… 156

　　第三节　与精神残疾人交往的礼仪 ………………… 158

　　第四节　怎样为精神残疾人服务 …………………… 161

第六章　为多重残疾人服务 ……………………………… 169

第三篇　附　录

附录一　主要的残疾人节日 ……………………………… 173

附录二　《残疾人残疾分类和分级》国家标准（摘要） …… 181

附录三　中国助残志愿者注册管理办法（试行） ………… 192

附录四　我国宪法和法律中有关保障残疾人合法权益的

　　　　规定（节选） …………………………………… 203

附录五　无障碍设施及残疾人辅助器具 ………………… 224

第一篇

志愿助残的基本理念

第一章 现代文明社会的残疾人观

"残疾人观"是指人们对残疾人和残疾人问题的总看法和基本观点。如何认识和对待残疾与残疾人的问题,是衡量社会文明进步程度的重要标准之一。"新残疾人观"是助残志愿者在开展服务之前必须了解的知识。掌握新残疾人观,提升人道主义精神境界,有助于志愿者更好地开展助残服务。

第一节 "残疾人"的概念

目前我国将残疾人定义为:在心理、生理、人体结构上,某种组织、功能丧失或者不正常,全部或者部分丧失以正常方式从事某种活动能力的人。残疾分为视力残疾、听力残疾、言语残疾、肢体残疾、智力残疾、精神残疾和多重残疾。(引自《中华人民共和国残疾人保障法》)

根据第六次全国人口普查及第二次全国残疾人抽样调查数据推算,2010 年末我国残疾人总人数为 8502 万人,各类残疾人的人数分别为:视力残疾 1263 万人,听力残疾 2054 万人,言语残疾 130 万人,肢体残疾 2472 万人,智力残疾 568 万人,精神残疾629万人，多重残疾1386万人。各残疾等级人数分别为：重度残疾2518万人，中度和轻度残疾5984万人。

世界卫生组织认为，残疾人的数量随人口的增长、医疗的进步以及老龄化而持续增长。也就是说，随着一个国家或地区医疗与科技水平的提高，社会保障以及人均寿命的增长，残疾人占总人口的比例会上升。

由于各国国情不同，社会、经济的发展水平存在差异，人们对残疾人、对残疾现象的观念也存在巨大的差异，残疾的标准也就有所不同。各个时代对残疾现象都有不同理解，对待残疾人的态度也就不尽相同，残疾的标准也是相对的，不是绝对的。我们定义"残疾人"时，需要有一个比较开放、动态的意识，这也是现代文明社会对残疾现象正确的理解方式。

在原始社会末期和奴隶社会，人们还不能正确地认识和解释残疾发生的原因。对于当时生存能力还比较低下的人类而言，繁重的体力劳动构成生产力的主体，体壮者被推崇，体弱者被鄙视，沿袭生物界的"优胜劣汰"、"适者生存"法则，残疾个体在残酷的生存斗争中处于劣势而往往被淘汰。

在欧洲奴隶社会，残疾人被视为"魔鬼的化身"，甚至会从肉体上被消灭，生存权都会遭到剥夺。

在中国长期的封建社会和半殖民地半封建社会里，迷信思想甚至将残疾看成是"恶疾"，是"天意"，是不祥的象征，是前世作孽的因果报应；残疾人往往被视为"废人"，是家庭和社会的累赘。在漫长的封建社会，处于社会底层的残疾人备受愚弄和歧视，过着低人一等的生活。尽管历代都曾有过某些救助残疾人的善举，但杯水车薪，未能成为社会主流。

自从资本主义萌芽产生以后，人文主义思想家为了反对剥夺人权的封建制度，提出了自由、平等、博爱的"天赋人权"观念，残疾人的人权才开始得到承认。

曾经长期盛行的"医学模式的残疾人观"认为：残疾人是一个被动的、病态的、不能独立的、需要医疗和救济的群体，个人的残疾是导致障碍的原因。依据这种模式，社会活动被分为"正常人"的社会活动和残疾人的社会活动。社会的物质财富和精神财富是由"正常人"的社会活动创造的；残疾人是"非正常人"，是社会的包袱和麻烦，只能消耗而不能创造社会物质和精神财富。因此，社会的教育、就业、文化、交通等领域的设施、服务都是为"正常人"设计的，残疾人不能也不需要参与到这些领域当中来。在这种模式下，社会将残疾人视为需要保护、同情、怜悯的对象，处理残疾人问题的办法就是给予其服务、帮助、救济、福利和医疗。

第二次世界大战以后，随着社会政治、经济、科技、文化的迅速发展和文明程度的日益提高，残疾人群体也在奉献社会、参与社会的过程中不断努力呼吁，残疾人的人权保障受到国际社会的普遍重视。以"平等·参与·共享"为核心内容的现代文明社会的残疾人观逐步形成，并不断丰富和发展。看待残疾和残疾人的理论模式，也由此发生了很大的变化。

社会模式的残疾人观逐步兴起。它反对医学模式偏重于医学和个人的定义，认为这忽视了社会环境的不足和缺陷，明确指出残疾与障碍是两个不能混淆的概念。残疾并不必然导致障碍，只有当残疾与环境、与社会对待残疾的态度发生冲突时，才会产生障碍。即障碍的有无及其程度，是由残疾人与其生活环境之间的关系所决定的，因而残疾人问题更是社会问题。

依据社会模式，处理残疾人问题的办法是给予权利和支持。社会将残疾人作为平等的权利主体，侧重解决残疾人融入社区和社会普遍面临的障碍问题，通过消除环境障碍和改变社会态度等支持措施来保证残疾人平等权利的实现。联合国《关于残疾人的世界行动纲领》、《残疾人机会均等标准规则》、《残疾人权利公约》都突出体现了社会模式的残疾人观。

2006年联合国《残疾人权利公约》对残疾人的定义是：残疾人包括肢体、精神、智力或感官有长期损伤的人，这些损伤与各种障碍相互作用，可能阻碍残疾人在与他人平等的基础上充分和切实地参与社会。

《公约》认为：社会的不文明不完善，有意无意地对有缺陷人群施加的障碍和限制（包括偏见、排斥、缺乏计划性、缺乏足够的通道和防护措施），造成了残疾问题，"行动的限制不是因为身体缺陷，而是社会组织的结果"。残疾人问题的原因是社会未能提供充足的资源以及未能提供残障人士所需要的社会环境。

作为助残志愿者，不仅要关注残疾人本身，还要关注造成残疾人问题的环境；不仅要直接为残疾人提供支持与帮助，更要为改变环境，改善社会对待残疾人问题的态度而做出努力。

第二节 现代文明社会的残疾人观

新中国建立后，残疾人在政治上获得了解放，公民权利和人格尊严开始得到承认和尊重。1953年中国盲人福利会成立，1956年中国聋哑人福利会成立，1960年两会合并组成中国盲人聋哑人协会。这一时期残疾人的状况与新中国成立前相比，发生了质的变化。但由于历史条件的局限，残疾人工作主要侧重于对残疾人的扶助、收养和救济上，平等参与社会生活的问题尚未得到应有的重视。"文革"期间，经济建设和社会发展受到严重破坏，残疾人事业也遭受严重挫折，中国盲人聋哑人协会的活动被迫停止。

改革开放以来，中国社会发生了深刻变革，残疾人群体也自发地组织起来，积极呼吁社会关注，人道主义思想在实践中被重新认识，人们对于残疾人的观念也发生了深刻变化。借鉴国际残疾人运动的先进理念，全面总结我国残疾人事业的实践经验，用现代社会的文明、进步、科学的观念，正确认识残疾人和残疾人问题，逐步形成了以"平等·参与·共享"为核心内容的现代文明社会残疾人观。其主要内容有：

一、自有人类社会就有残疾人，残疾是人类发展进程中不可避免要付出的一种社会代价。

在人类社会的发展进程中，由于遗传、疾病、自然灾害、事故、战争和环境污染等自然和社会的原因，残疾的发生不可避免。在人类历史的各个阶段，在每个国家、每个社会的各个阶层，都有残疾人存在。残疾人同其他社会成员一样，是人类社会的组成部分，虽然具有某种缺陷，但绝不是异类、另类，而是社会多样性和差异性的一种表现。

在残疾人和健全人之间并没有截然分明、不可逾越的界限，世界卫生组织认为：人均预期寿命超过70岁的国家，平均每人有8年（11.5%的生命）是在残疾中度过的。健全人可能因某种原因致残，残疾人也可能通过康复"脱残"。另外，残疾的标准是相对的，在一国较为宽泛的残疾标准下的一些轻度残疾人或者某些类别的残疾人，在另一国比较严格的残疾标准下就不会被视为残疾人。

随着人类文明的演进,残疾现象促使人类对自身做出更深入的思考,丰富了对人的本质、人的发展的认识。特别是随着现代科学技术的发展,通过对残疾现象的研究,人们越来越多地认识到残疾发生的原因和规律,从而采取有效的预防措施,在一定程度和一定范围内,预防残疾的发生,控制残疾的发展,使人类自身不断完善,人类社会得到进步。交通事故造成的残疾,促进了交通法规的完善;工伤造成的残疾,推动了劳动安全法规的制定;脊髓灰质炎造成的残疾,促使人们研制出预防这种疾病的糖丸;出生缺陷的发生,促使人们重视优生优育。由此看来,社会的进步,某种程度上是以广大残疾人在事实上承担了残疾所造成的后果为前提的。残疾人的残疾,客观上成为人类历史发展和社会进步所付出的一种代价。因此,我们的社会更应当善待残疾人。

二、残疾人有人的权利和尊严,他们的公民权利和人格尊严应受到尊重和保护。

目前,残疾人在社会中仍然处于弱势地位,尊重他们的公民权利和人格尊严,是社会文明进步的体现。联合国《残疾人权利公约》明确指出:"因残疾而歧视任何人,是对人的固有尊严和价值的侵犯。"我国的社会主义制度为包括残疾人在内的广大人民群众权利的实现,提供了根本保障。依照宪法,残疾人享有与其他公民平等的权利。《中华人民共和国残疾人保障法》又对残疾人权利做出了进一步的规定，其基本精神之一就是：残疾人在政治、经济、文化、社会和家庭生活等方面，享有同其他公民平等的权利。任何对残疾人的偏见和歧视，任何损害残疾人的权利和尊严的行为，都是违背法律规定和现代文明理念的。一切国家机关、社会团体、企业事业单位以及公民个人在运用法律和进行活动时，必须尊重和保护残疾人的公民权利和人格尊严，禁止任何歧视、侮辱和侵害残疾人的行为，特别是要禁止基于残疾的原因，对残疾人进行排斥、限制和区别对待，从而损害其合法权益。因此，《残疾人保障法》明确规定"禁止基于残疾的歧视"。

在社会生活中，残疾人的平等权利常常表现为要求机会均等，即在各个方面能够同其他社会成员一样，享有同等的参与社会事务和利用社会资源的机会。

三、残疾人有参与社会生活的能力，同样是社会财富的创造者，是社会进步的参与者和推动者。

"我们看待人时，如果能够发现并关注他们所具备的能力，而忽略他们的'残疾'，这表明我们的认识事物能力有所提高，也表明我们社会意识有所提升。"判断一个人的能力，应该着眼于他能干什么，而不是不能干什么，这是认识残疾人能力所应有的态度。虽然残疾使残疾人某些方面的功能受到损害和限制，但是通过提供社会补偿，调动并发挥人体自身的代偿功能，扬长避短，可以使被损害和限制的能力得到最大限度的弥补，使残疾人能以适合的方式认知世界，参与社会，创造财富，达到与健全人同等的程度和水平。事实证明，残疾人身上蕴藏着丰富的潜能，同样具有生活能力、劳动能力、接受教育能力、参与能力和创造能力，一些人甚至在某些方面显示出超乎寻常的能力。只要为他们提供康复服务，施以适合其特性的教育，为其劳动就业创造条件，残疾人完全可以同健全人一样施展才能，最终的受益者将不仅是他们自己，还会包括其他社会成员。

残疾人中的佼佼者，还对人类文明的发展做出特别杰出的贡献。两腿致残的孙膑写出了《孙膑兵法》；双耳失聪的贝多芬创作了著名的《第九交响曲》；海伦·凯勒既看不见又听不到，只能靠触觉与外界交流，却写出了一部部感人至深的作品；富兰克林·罗斯福坐着轮椅入主白宫，领导美国人民克服经济危机，进行伟大的反法西斯战争；著名科学家、《时间简史》的作者霍金全身瘫痪，却走在物理学研究的最前沿。这样的事例不胜枚举。中外历史和现实都证明，残疾人同样是社会财富的创造者，是社会进步的参与者和推动者。

四、造成残疾人问题的根本原因不是残疾本身,而是外界的障碍。

残疾人问题是一个社会问题,认识残疾人问题,就不能仅仅从残疾本身找原因,而应更多地着眼于社会方面。这是因为,任何人权利的实现和能力的发挥,都离不开一定的社会补偿条件,社会补偿对于残疾人尤为重要。残疾对残疾人参与社会生活的影响程度,主要取决于外界环境因素。通过提供一定的社会补偿,可以使残疾的实际影响变得比人们想象中小得多。如果不提供相应的社会补偿条件,障碍就会产生,残疾人本应享有的均等机会就会丧失或受到影响,权利的实现和能力的发挥就会受到限制,就会在社会生活中处于弱势和不利地位。

例如,台阶对于依靠轮椅的肢体残疾人,无字幕影视节目对于听力残疾人,常规印刷文字对于盲人,会造成障碍是显而易见的。健全人登高需要台阶,大家都习以为常,但坐轮椅的残疾人对台阶就无计可施,他需要一条坡道,没有坡道这个补偿条件,他就会有障碍,使他处于不利地位。影视节目没有字幕,听力障碍者就难以观看。常规印刷的文字,盲人就无法阅读,他需要盲文。可以说,只要外界提供了充分的补偿条件,残疾就不会成为问题,反之,残疾就会成为问题。

残疾并不必然导致障碍,只有当残疾与环境、与社会对待残疾的态度发生冲突时,才会产生障碍。因此,造成残疾人问题的根本原因不是残疾本身,而是外界环境的障碍,残疾人问题本质上是社会问题,解决残疾人问题有赖于国家和社会的行动。国家和社会有责任采取措施,发展残疾人事业,为残疾人提供支持,提供特别扶助,减轻和消除外界障碍的影响,使残疾人无障碍地出行、使用公共设施、享受社会服务、接受教育、从事生产劳动、参加文体活动、进行信息交流等,以保障残疾人权利的实现。

目前,我国对残疾人的特别扶助主要包括法律保障、政策扶持、社会扶助、无障碍环境和辅助器具等。应该指出的是,对残疾人的特别扶助措施,是为减少和消除由于社会补偿条件不足而给残疾人造成的事实上的不平等,并不妨碍和影响其他社会成员实现自己的权利,因而不应视为对其他人的歧视或不公正,恰恰相反,它体现了社会公正,促进了社会和谐,是文明进步的表现。

五、残疾人事业是崇高的事业,发展残疾人事业是政府和全社会义不容辞的责任;要坚持以人为本,发扬人道主义精神,发展残疾人事业,实现残疾人"平等·参与·共享"。

残疾人问题关系到人权保障、生产力解放和社会和谐,是

第一篇 志愿助残的基本理念

一个不容忽视、必须解决好的重要社会问题。人道主义是残疾人事业的旗帜，它的基础与核心是对人的价值和尊严的肯定。解决残疾人问题，必须坚持以人为本，发扬人道主义精神，大力发展残疾人事业。残疾人事业是体现人文关怀、促进社会文明进步的崇高事业，是社会主义事业的重要组成部分，发展残疾人事业是政府和全社会义不容辞的责任。要通过发展残疾人事业，使残疾人的权利得到更好的实现，保障残疾人以平等的地位和均等的机会，充分参与社会生活和社会发展，共享社会物质文化成果，概括地说就是实现"平等·参与·共享"。这不仅能造福残疾人，更能惠及其家庭以及所有社会成员。因为一个能够平等对待、充分接纳残疾人的社会必定是温暖与和谐的，而这样的温暖与和谐正是我们每个人所期待的。

残疾人问题从来就不是孤立存在的，它总是与一定的经济条件和社会发展水平密切相关。解决残疾人问题的根本途径是解放和发展生产力，推进社会的文明进步。经济越发展，社会越进步，就越要求发展残疾人事业。残疾人事业的发展也必须融于经济社会的发展之中，并与其协调。在现阶段，发展残疾人事业要立足于我国的基本国情，与经济社会的发展相适应，既缩小差距又不超越现实；既要立足当前，讲求实效，优先解决残疾人迫切需要而又可能满足的基本需求，又要着眼长远，打好基础，建立残疾人事业持续、健康、稳定发展的长效机制；

既要发挥政府主导作用,动员社会力量广泛参与,又要激励残疾人的参与意识和自强精神,充分发挥残疾人在残疾人事业发展中的作用。

六、扶残助残体现了中华民族助人为乐的传统美德,是社会主义精神文明建设的重要内容,应在全社会大力倡导,健全人可以通过帮助残疾人,使自己得到升华与完善。

中华民族自古以来就有扶弱、济困、助残的传统美德。《周礼》中有"慈幼、养老、赈穷、恤贫、宽疾、安富"的思想。《礼记·礼运》提出"大同"思想,主张"使老有所终,壮有所用,幼有所长,鳏寡孤独废疾者皆有所养"。孟子提出"仁爱",墨子提出"兼爱"。这些思想对后世产生了积极影响,传承至今。

到了当代,扶残助残的传统美德作为宝贵的精神财富被赋予新的意义,注入新的内涵,在社会主义精神文明建设中得到提倡和发扬,成为现代人高尚的道德情操和现代文明社会残疾人观的重要思想内容。

习近平总书记在会见第五次全国自强模范暨助残先进集体和个人表彰大会受表彰代表时的讲话中强调:助残先进以及他们所代表的关心和帮助残疾人的社会各界人士,也堪称楷模,引领社会风气。"赠人玫瑰,手留余香"。大爱无疆、仁者爱人。这种舍己为人、乐善好施的高尚品质,是社会主义核心价值观的具体体现,是中华民族传统美德的具体体现。(节选自 2014 年 5 月 17 日人民日报报道)

经济的繁荣和社会的进步,需要道德的发展和完善。帮助残疾人,是一种高尚的行为,是对道德的完善和升华,有利于实现人生价值,形成良好的社会风尚,促进和谐社会的构建。应当在全社会大力倡导理解、尊重、关心、帮助残疾人,广泛开展扶残助残活动,为残疾人解决困难和问题。

七、残疾人参与社会生活,需要社会的帮助,也取决于自身的奋斗;残疾人要自强不息,履行应尽义务,实现人生价值。

残疾人是社会人,参与社会固然离不开良好的外部条件,需要社会的帮助和支持。但随着社会的进步、补偿条件的改善,残疾人参与社会生活的程度和成效越来越取决于自身的奋斗。增强自身能力,有助于残疾人利用其得到的机会,更好地实现发展。外部条件再好,如果没有自身的努力,平等参与社会也只能是空话。比如特教学校的课桌、教具和师资再好,但假如学生自己没有发奋读书的愿望,不到学校去读书,什么样的好条件也帮不了他。日新月异的社会发展对残疾人提出了更高的要求,呼唤着残疾人的奋斗精神。残疾人只有乐观进取,不懈奋斗，积极参与社会生活，才能克服自卑感和依赖心理，磨炼意志，提高素质；才能适应社会，融入社会，展示自身能力，增进社会理解，实现人生价值。《周易》上说"天行健，君子以自强不息"，就是这个道理。另外，作为公民，残疾人要遵纪守法，遵守社会公德，增强社会责任感，履行好应尽的社会义务，这也是残疾人参与社会的一个重要方面。

八、残疾人的"平等·参与·共享"是衡量社会进步的一个重要尺度。残疾人的解放，是人类文明发展和社会进步的一个重要标志。

人类的解放不仅要消除奴役、压迫和剥削，还要消除歧视、偏见和陈腐观念导致的不平等社会现象，最终实现人的自由而全面的发展。这不但涉及经济基础、社会制度的变革，也要求社会思想文化的全面进步。残疾人的解放，对残疾人而言，是消除障碍，全面发展，实现"平等·参与·共享"；对健全人而言，则是消除愚昧、偏见和歧视，实现道德的完善和精神的升华；对社会而言，是追求和谐友爱，实现进步平等。因此，残疾人的解放和民族解放、妇女解放一样，是人类解放的一个重要组成部分，它不仅是对残疾人的解放，也包含了社会解放的意义。残疾人的解放就其终极意义来说，是人类从残疾人的解放中获得新的解放。可以说，残疾人的解放是衡量人类解放的广泛性与深刻性的重要尺度之一。现代社会物质文明和精神文明的发展,特别是残疾人事业的兴起,为残疾人的解放提供了可能,创造了条件。以人类解放为最高目标的共产党人,以实现全体人民的富裕幸福为根本目的的社会主义国家,更应为之不懈奋斗。

第二章 志愿助残服务

第一节 志愿者、志愿服务、志愿精神

一、志愿者

"志愿者"是一个外来的概念,英文为Volunteer,源于拉丁文中的"voluntas",原意为"意愿"。在西方,志愿者被认为是在职业之外,不受私人利益或者法律强制驱使,为改进社会、提供福利而付出努力的人们。

对于这一概念,我国大陆一般称为志愿者,香港称之为义工,台湾地区称之为志工,名称有别,但实质内容基本是一致的。目前在我国大陆,志愿者是指自愿贡献个人时间和精力,不计物质报酬,为推动人类发展、社会进步和社会福利事业而提供服务的人员。这些人有以下特征:

第一篇　志愿助残的基本理念

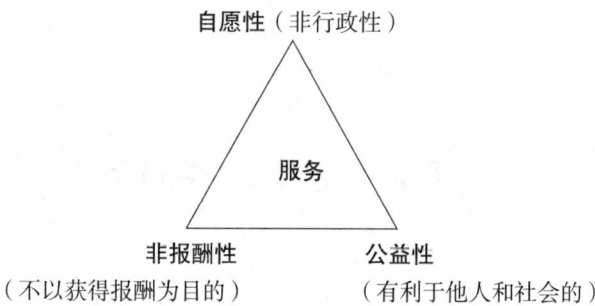

二、志愿服务

志愿服务一般是指志愿者群体或志愿者组织在不计物质报酬的前提下，利用自己的时间、精力、技能、资金、资源等，为完善社会福利、促进社会进步、推动人类发展等所提供的服务。

志愿服务是志愿者的集体行为，有以下特征：

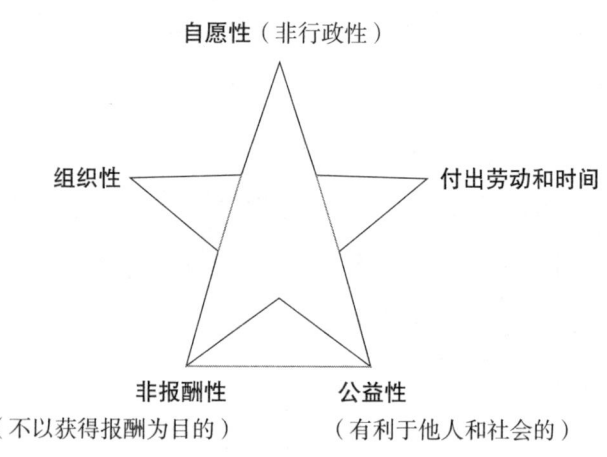

三、志愿服务的产生和发展

早在12至13世纪,英国就出现了500多家民间慈善机构。1601年,英国颁布了世界上第一部《慈善法》,确认了慈善组织的法律地位,规定了慈善组织的行为范畴。根据该法律,英国慈善组织具有公益性、慈善性、民间性、非政府、非营利性(资源仅用于公益慈善的最终目标)、非政治性(避免不适当的政治活动)等特征。

18世纪下半叶,欧洲工业革命后,近代化发展引发了大量社会问题,贫富问题日渐突出,促使慈善事业更加发展壮大。英国最具历史名望的一些慈善组织都是在这段时期内成立的,如:Barnado's、National Society for the Prevention of Cruelty to Children(国家防止虐童社团)、Salvation Army(救世军)等。一些教会与富人就开始了以"救急救穷"为目的慈善捐赠活动。其他各国也先后出现了一些有组织的慈善、救济活动,一大批怀有慈善之心的中上层人士,自愿投身到慈善救助活动中,这就是现代志愿服务模式的雏形。慈善、公益、志愿服务逐渐成了有身份、有地位的富裕人士热衷的"事业"。

二次大战以后,随着社会、经济的发展,到二十世纪九十年代,以欧美为代表的发达国家,逐渐进入社会工作与社会服务、志愿服务时代。社会组织发挥的作用越来越大,在很多领域甚至超过政府、企业的作用,逐渐成为社会管理、社会运作的核心力量,慈善公益理念深入人心,志愿服务融入每一个公民的生活。志愿服务不仅与养老护理、儿童关爱、残疾人照料等密切结合,涉及的领域也越来越广泛,专业化水平大大提高,形成社会组织与政府、企业合作机制。目前,许多国家的志愿服务已步入组织化、规范化和系统化的轨道,形成一套比较完整的运作机制和惯例,形成社会企业和社会创新的运动。志愿服务也是一些国家加强公民道德教育和维护社会稳定的有效形式,几乎家喻户晓,志愿服务意识也为大多数公民所接受,参加志愿服务已成为广大公民的自觉行动。1998年,美国约有1.09亿成年人参与了志愿服务活动;56%至62%的妇女每周奉献3.4小时,49%的男士每周奉献3.6小时,用于从事志愿服务活动。我国香港地区的志愿者(义工)占人口总数的20%以上。

在我国,慈善精神和公益行为在几千年间已经深深根植于中华传统文化的思想中,并伴随着中华文明的传承延续而逐步发展成熟。

西汉时成书的《礼记·礼运篇》就曾这样描述理想中的大同世界:"大道之行也,天下为公。选贤与能,讲信修睦。故人不独亲其亲,不独子其子;使老有所终,壮有所用,幼有所长,矜、寡、孤、独、废疾者,皆有所养。男有分,女有归。货恶其弃于地也,不必藏于己;力恶其不出于其身也,不必为己。是故谋闭而不兴,盗窃乱贼而不作,故外户而不闭。是谓大同。"建设这样的大同世界,需要社会上所有的人都具备较高的公益精神。

历史上最早的慈善家据称是春秋后期越国的范蠡(陶朱公),民间奉为财神。他曾经"尽散其财,分与知友乡党","十九年之中,三致千金",三次"分散与贫交疏昆弟,此之谓富好行其德者";汉光武帝的外祖父樊重"年八十余终,其素所假贷人间数百万,遗令焚削文契。债家闻者皆惭,争往偿之。诸子从敕,竟不肯受";乞丐慈善家山东的武训(1838—1896),30年来乞讨兴办义学三所;状元慈善家江苏的张謇(1853—1926),兴办了370多所学校及图书馆、医院、育婴堂等;总理慈善家湖南的熊希龄(1870—1937),捐27.5万大洋、6.2万两白银兴办慈善;华侨慈善家福建的陈嘉庚(1874—1961),一生办教育资金即超一亿美元,"卖掉大厦,维持厦大"。

志愿服务是志愿者的集体行为,有四大特征:

自愿性	无偿性	公益性(或利他性)	组织性
即志愿者从事的志愿服务是出于自愿的,没有任何组织或个人的强制。	不以报酬为目的,即志愿者从事志愿服务不是为了直接获得经济或物质上的回报。	即志愿者从事志愿服务的结果是公益利他、造福大众、改善社会和推动人类发展,而不是为了一己私利。	志愿者的服务是有组织的行动,志愿者组织负责志愿者招募、注册、认证、管理等工作,推动志愿服务活动有序、高效地开展。

第一篇 志愿助残的基本理念

随着中国改革开放的进程，慈善公益精神也进一步得到发扬，20世纪80年代开始，我国开始出现现代意义上的志愿活动和志愿者，并建立了正式的志愿服务机构。1993年底，共青团中央开始组织实施中国青年志愿者行动；2005至2007年，时任中共中央总书记的胡锦涛同志倡导中央机关连续三年开展"共产党员送温暖献爱心"活动，并在全国进行推广；2008年，汶川地震救灾使全国人心空前凝聚，志愿救援服务踊跃，群众捐赠超过千亿元，当年北京举办的奥运会、残奥会上，志愿者的微笑感动世界，开启了"志愿者元年"；2010年，青海玉树救灾，社会志愿力量动员进一步拓展。目前，中国大陆地区约有9%的人通过正式或非正式途径参与了志愿服务，中国志愿服务进入了有组织、有秩序的阶段。

目前，我国的志愿服务活动主要包括：社区志愿服务、支教活动、环境保护（包括保护珍稀动物）、农村发展、妇女发展、助残、医疗卫生（如艾滋病防治）、法律援助（如农民工维权）、为大型活动提供志愿服务（如上海《财富》全球论坛年会、残运会、特奥会、奥运会等）、海外志愿服务等。随着社会经济的快速发展，我国已经进入社会工作与社会服务、志愿服务时代，为了适应这个变化，我们的公共道德水平还需要提升，公共道德建设亟待加强，社会道德理念还要更新，志愿服务也要从个人"学雷锋、做好事"向建立"雷锋体制"

转变。

四、志愿精神

联合国秘书长科菲·安南在"2001国际志愿者年"启动仪式上的讲话中说:"志愿精神的核心是服务、团结的理想和共同使这个世界变得更加美好的信念。从这个意义上说,志愿精神是联合国精神的最终体现。"这句话指出了志愿精神的本质,表达了人们对志愿服务的由衷赞美。

2013年12月5日,中共中央总书记、国家主席、中央军委主席习近平给华中农业大学"本禹志愿服务队"回信,肯定了他们在服务他人、奉献社会中取得的成绩和进步,勉励他们继续弘扬志愿精神,为实现中华民族伟大复兴的中国梦做出新的更大贡献,并向这支志愿服务队和全国广大青年志愿者致以诚挚问候和崇高敬意。信中将志愿精神概括为:奉献、友爱、互助、进步。

第一篇　志愿助残的基本理念

奉献　指不求回报地付出。奉献精神是高尚的,是志愿服务精神的精髓。志愿者在不计报酬、不求名利、不要特权的情况下参与推动人类发展、促进社会进步的活动。

友爱　提倡志愿者欣赏他人、与人为善、有爱无碍、平等尊重,充满爱心地为他人服务。志愿者之爱跨越了国界、职业和贫富差距,是没有文化差异,没有民族之分,不论高低贵贱的平等之家,它让社会充满阳光般的温暖。如无国界医生,他们不分种族、政治及宗教信仰,为天灾人祸及战火的受害者提供人道援助,他们奉献的是超国界之爱。

互助　提倡"互相帮助、助人自助"。倡导志愿者为服务对象提供帮助、助人为乐,提倡志愿者之间互相协助、树立团队精神。志愿者以"互助"精神唤醒了许多人内心的仁爱和慈善,使他们付出所余,持之以恒地真心奉献。"助人自助"帮助人们走出困境,自强自立,重返生活舞台。受助者重新获得生活的能力后,也会投入到关心他人、帮助他人、为社会做贡献的志愿活动中,开拓了眼界、丰富了阅历、提升了技能、强化了对社会的责任感,同时也净化和愉悦了心灵,这些都是"互助"精神的体现。

进步　一是通过参与志愿服务,志愿者的能力得到提高,进而为服务对象提供优质服务;二是通过志愿服务,志愿者的能力以及人生观、价值观得到提高和进步;三是志愿者通过志愿服务促进了社会的进步。

第二节　志愿助残的指导思想及原则

一、以现代文明社会的残疾人观为指导

在我国，由于现代意义上的志愿助残活动时间不长，人们对现代志愿助残理念的了解认知还不够，不少助残志愿服务还处于简单的献爱心、做慈善层面，一些人是抱着同情、怜悯的心态服务残疾人的。但在未来，我国的志愿助残理念必将随社会的发展，让更多人理解其深刻的内容，成为社会主义核心价值观的重要组成部分。

现代文明社会的残疾人观反映了当代社会对残疾人问题的认识达到新水平，是人类先进思想文化的一个组成部分，它为我国残疾人事业的发展奠定了思想理论基础，也是志愿者认识和服务残疾人的指南。

"平等·参与·共享"是我国社会努力倡导的现代文明社会残疾人观的核心理念。开展助残服务，增强全社会的助残意识，进而消除对残疾人的歧视和偏见，是志愿助残服务的根本目的。

志愿者应当认识到：如果社会态度不改变，社会环境是难以改变的。只有当残疾与环境、与社会对待残疾的态度发生冲

突时，残疾才会构成障碍。志愿者在开展助残服务的时候，不仅是在对残疾人进行生活辅助和支持，更是在提升自身的道德水平和文明水准。更重要的是可以借此增强社会意识和社会责任感，推进社会机制的建立与完善，努力消除各种社会的障碍，为所有人提供平等参与社会的条件和环境，构建社会的和谐。

二、助残基本原则

尊重是助人的基础。在服务残疾人时，多么专业的技能、技术、技巧，都不如诚挚自然、发自内心的尊重更有效。只有对他人饱含真诚，服务才能表现得体。

观念正确、态度合理、举止恰当是志愿者助残的基本原则。在平等、尊重的前提下，以消除各种各样的障碍为目的，真诚地为残疾人提供参与社会生活的支持。这就需要志愿者满怀善意和理解，绝不无意间夸大残疾人的不方便，也不刻意彰显自己的助残"善举"。

"向物不向人"是最佳的服务方式。创造良好的环境胜过直接出手相助。在不经意间，志愿者已经为残疾人清理好道路，打开了大门和电梯。这就是我们所提倡的：环境对残疾人最少的限制，才是最大的支持。

确有必要身体接触时，志愿者也要尽量以残疾人为主动方，让他们借助自己完成动作，比如盲人拉着志愿者的臂膀行走,肢残人上台阶时志愿者恰好伸出手臂做支撑等。

志愿者不可能掌握所有的助残技能和技术,在服务时应该做到"不知道,就询问","对方不接受,我就不坚持"。

如果残疾人求助,无论是否可以帮忙,都要给予及时回应,做到"有求必应"。回应并不意味着满足对方所有的请求,志愿者只能在法律法规、社会道德和个人专业能力之内,以及本次志愿服务的限定范围内为残疾人提供帮助。超出范围的请求,要本着实事求是的原则,思考是否接受。力不能及或专业能力不足时,要恰当地表达出来,转介相关人士协助。成熟的志愿者不会因为别人一句赞美或者一句所谓"道德"评价,为了证明自己的"纯粹和清白"就不顾一切去付出,那样做结果不一定好。

综上所述,志愿者助残服务需要把握好四个步骤:一看、二问、三听、四助。

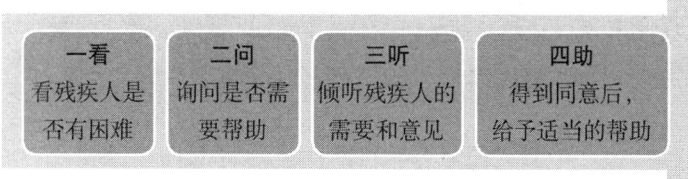

志愿者面对残疾人时,可能因为不了解,不熟悉,而显得非常客气,过于小心谨慎,特别注意残疾人与健全人的不同

之处。过分呵护照顾，关心无微不至，这固然是出于善意，但其实也没有必要，对待残疾人只要保持平常心，既不疏远冷漠，也不过度热情，更不越俎代庖、一厢情愿地"代劳"，就足够了。

> 与残疾朋友初识，交流时尽量"忽略"残疾，不要主动询问对方致残原因，不要主动谈及致残原因和残疾问题；不要过多注视对方的残疾部位，也不要过分关注残疾的"不便"。

在我国的助残活动中，我们常常可以看到志愿者推轮椅的举动，这似乎已经成为助残的标志性动作，但在别的一些国家，普遍观念是由坐轮椅者自己独立驱动轮椅。另外，视力残疾人，有的喜欢用手搭在志愿者肩上行走，有的更愿意拉着志愿者的手臂走，个性不同，需求也不一样，尊重对方习惯是至关重要的。

> 不要用"正常人"一词反衬残疾人，最好使用"健全人"。国际社会对"残疾人"的描述产生的变化，正体现了人本原则 Person (or People) first : Person (or People) with Disability（PWD）

第三节　助残志愿者需要具备的素质

高素质的助残志愿者，能够将服务奉献作为一种快乐的生活方式，有足够的能力化解压力和负面影响，始终保持服务热情。在服务实践中收获滋养，不断获得成长。志愿者应当具备哪些素质呢？

成熟的服务心态。用平等的态度对待被服务者，既不将每一个残疾人都看成自强不息的勇士，也不将他们视为弱小无助、可怜同情的对象，既不"仰视"，也不"俯视"。

敢于担当的责任意识。志愿者尽管不收取任何报酬，但也要为自己所做的每件事情负责，如果出现差错，就要接受批评，坦然承认错误，还要承担后果。

吃苦耐劳的心理准备。志愿服务所面对的并不都是热情激动的场面，也要面对恶劣天气、连续工作、身体疲劳、孤独、技能不足和不被理解等等。志愿者的辛苦是必修课，要有足够的心理准备，珍惜机会，团结协作，锻炼才干，提升自我。

必要的服务技能。在服务过程中，志愿者不仅要抱定锻炼自己，获得价值感、满足感、成就感以及宝贵经历的愿望，还要学习导盲、推轮椅等助残的基本技能，提高服务水平。

第四节　助残志愿者的心理准备

志愿服务并不一定都是顺利的，可能会遇到压力和挫折，面临一些意想不到的情况，成熟的助残志愿者会提前做好心理准备，从容应对困难，进行自我减压。

一、可能遇到的压力

很多志愿者在连续参加志愿服务过程中会感到任务繁重压力大，因而情绪不佳，甚至影响生活，压力来自方方面面。

身体方面的压力，助残志愿服务可能很辛苦也比较琐碎，加之天气等自然因素影响，连续参加志愿服务，不仅疲劳，有时候也会面临身体不适、忍饥挨饿、单调乏味等问题，也可能负责寂寞孤独的岗位等等。

人际交往和冲突的心理（情绪）压力。例如缺乏接触残疾人、为残疾人服务的经验；对服务对象的文化背景、生活习惯不了解，沟通交流不便；与陌生人初次接触时忐忑不安，产生本能的距离感；志愿者担心好心遭到误解，担心志愿者团队不能形成默契合作，自己的付出得不到团队的理解和支持等等。

工作、生活与志愿服务之间的平衡而带来的压力。助残志愿服务可能是比较固定的持续性服务，志愿者还有自己日常的工作、学习和生活。两者之间可能会发生冲突。如果不参加服务会感到自己"不守承诺"，在道德上自我谴责。但如果参加服务，占用时间过多，常常会顾此失彼，进退两难。

个人技能不足带来的压力。缺乏助残服务的培训和相应准备，现场服务因为专业能力不足，可能面对服务对象会无所适从。

突发事件带来的压力。由于某些不可预见的因素而导致的意外、事故、冲突等。

二、学习压力管理

心理学研究表明，适度的压力有助于挑战自我，挖掘潜力，提高效率，激发创造性，而不良或过度的压力，将会引起负面情绪，甚至引发生理方面的疾病，或造成工作事故等。助残志愿者需要学会在服务过程中适应压力，提升心理能力，获得成长，使得助残服务更加具有积极意义。

（一）怎样给自己减压

一是找到压力平衡点。即量力而行，给自己的压力要适度，尽量不要去挑战力所不能及的事情。

二是获取社会支持。同学、老师、管理人员、家庭、朋友都是社会支持网络的重要组成部分，当志愿者压力过大时，与同学、老师、管理人员或家人朋友一起多谈心，多沟通，倾诉烦恼，有助于减少和缓解压力。

三是寻求专业帮助。主动倾诉是非常重要的减压方式，比如找心理咨询师，一些对同学、老师、家人不愿意说的事情，可能跟心理咨询师说会比较安心。这种倾诉的过程就是释放压力的过程，同时也可以获得有效的帮助和指导。

志愿者还可以尝试以如下方式自我减压:

一是将复杂的问题简单化。学会正确地分解目标,学会正确调节自己的心态和情绪,享受志愿服务的经历,有不愉快的事情要拿得起,放得下。

二是改变认知。人通过认知对客观事物与需要作出判断与评价,会产生相应的情绪变化。情绪随着认知而变化。志愿服务原本的意义就在于奉献,借此提升认知,提高道德修养,获得自我成长,很多不良情绪也会烟消云散。

三是建立合理的信念。志愿者可以列出引发自己不良情绪的事件和认识,找出导致不良情绪的非理性观念,通过对非理性观念的认识和纠正,树立合理的观念,从而改善情绪。

四是学会控制情绪的方法,例如恰当地宣泄和转移不良情绪,积极的自我暗示和自我安慰等。

更重要的是要掌握培养乐观情绪的方法,例如经常记录下自己的收获,在工作中不盲目攀比,增强审美情趣,积极关爱他人……肯定会让你每天都有好心情!

(二)对压力进行管理

一是事前做好充分准备。在决定是否做助残志愿者之前,首先要对自己做一个实事求是的评估:现阶段我的人生重心是什么,从事助残志愿服务的自我预期目标是什么,我能实现这个目标吗?为此我需要付出什么代价?是时间、金钱、精力、机会、体能还是智能，我舍得付出这样的代价吗？这个岗位适合我吗？为什么？

一旦做出选择，就一定要加强学习新知识，掌握新技能，树立新理念，提高综合素质。

做一个有心的志愿者，可以收集与残疾人有关的信息，编制工作手册，并根据自己所在的岗位需求补充相应的资料，以便随时查阅。比如学习简单的手语，做一张日用品的图片卡，以便与有表达障碍的残疾人交流。

二是事中面对压力，从容应对。保持平常心，不要太担心，也不要以为稍有疏忽就会伤害到残疾人，用对待平常人的方式与残疾人交往才是最佳状态。

遇到困难时，志愿者应当心平气和、冷静应对、理性思考并积极寻求帮助，在不伤害自己和他人的前提下选择妥善的解决方法。

三是事后调适，消除影响。志愿者要及时调适，逐渐化解压力带给自己身体、心理、工作和学习的影响。给自己必要的放松、休息与调整。寻求必要的社会支持。向亲友、专业人员寻求帮助，防止压力扩大化、持久化。

此外也要分析压力产生的原因，评估应对策略及其效果，总结经验教训，增强自信心和危机处理能力，以便迎接新的挑战。

三、学习挫折感调适

挫折感是指个体在从事有目的的活动过程中遇到障碍或干扰,致使个人动机不能实现、需要不能满足时的情绪状态。导致挫折感的原因有二:一是客观原因,包括自然环境和社会环境,如自然环境的时空限制、社会环境的人为限制等;二是主观原因,包括个人所具备的条件和个人的动机冲突。

(一)正确面对挫折感

人生中,挫折是普遍存在的,具有两重性:一方面是负面的,令人不快;但另一方面又是积极的,给人以教益,使人认识错误,接受教训,磨炼意志,使人更加成熟、坚强,在逆境中奋起。合理运用挫折防卫机制,可以有效地缓解情绪上的不适,提高个体对挫折的承受能力;积极的挫折防卫机制的运用,还可以促使个人面对现实,积极进取,战胜挫折,获得进一步发展。

(二)遭遇挫折的处理方法

一是想一想。换个角度讲,是对意志、决心和勇气的锻炼,是对综合实力的检验。人总是要经过千锤百炼才会成熟起来,重要的是吸取教训,不犯或少犯重复性的错误。

二是比一比。及时调整心态,不因小败而失信心,不因小挫而失锐气。确认自己的优势和特长是否都得到充分发挥,找找别人的长处，取长补短。人生的转折往往始于失败，使人猛醒、冷静、理智和振作，使生命之帆重新扬起。

三是放一放。如果不是急事大事，索性放下，不去管它，过几天或许会有更清醒的认识、更合理的打算。重要的是把握好眼前的时光，莫让它白白流逝。必要时甚至可以放弃原来的打算，重新安排其他事情。有得必有失，想在方方面面都有建树很难，经过慎重选择，得到的会心安理得，失去的会心甘情愿，没有紧张和焦虑，也没有沮丧和失望。

四是让一让。常有这样的现象：狭窄的街口桥头，几辆汽车挤作一团，互不相让，谁也过不去。若有几辆车风格高一点，先退出来，所有的车辆就都可畅行无阻。人生也是这样，姿态高一些，眼光远一点，从长计议，不在一时一事上论长短，退一步海阔天高。

志愿者遇到压力和挫折是难免的，只要对自己志愿行为高度认同，深刻体会到其中的人生价值和社会意义，坚定自己志愿公益、服务奉献的信仰，"做平凡事，怀高远志"，认同自己的志愿行为，并由衷地感到自豪与骄傲，就会产生自我激励的力量，从容面对任何压力与挫折。志愿助残不仅是在帮助和支持残疾人，也会使得志愿者的心灵获得成长，人格更加健全。

第一篇 志愿助残的基本理念

志愿者先驱：

19世纪以来，先后涌现出许多杰出的志愿者先驱，其中杜南、南丁格尔、顾拜旦、茂文钟士等，堪称现代志愿者的典范。

琼·亨利·杜南（Jean Henri Dunant，1828年5月8日—1910年10月30日），出生于瑞士日内瓦。瑞士商人和人道主义者，开辟了一项誉满全球、造福全人类的伟大事业——红十字运动，后人尊称他为"红十字会之父"。1901年，他和弗雷德里克·帕西（国际和平联盟和各国议会联盟创办人）同获首届诺贝尔和平奖。虽然杜南晚年很贫穷，但一直没有动用过诺贝尔奖所提供的奖金，最后他把大部分的奖金捐给了挪威与瑞士的慈善事业。如今，瑞士苏黎世一处苍松翠柏之间，耸立着一座白色的琼·亨利·杜南大理石纪念碑，碑上正面的浮雕是一位白衣战士，他正跪下给一个濒临死亡的伤兵喂水。每年的5月8

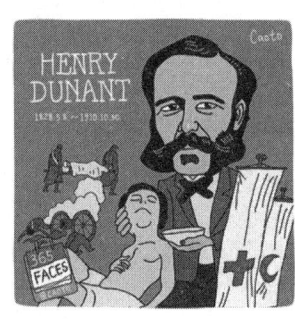

日是国际红十字日，全世界崇尚人道主义的人都在这一天纪念这位感动全人类并改变人类历史的伟大人物。

弗洛伦斯·南丁格尔（Florence Nightingale）。英国护士南丁格尔燃烧自己，照亮别人，是近代护理的创始人，倡导崇高的人道主义精神。她用爱心、耐心、细心和责任心对待每一位病人，是一位了不起的护士。1854 至 1856 年克里米亚战争爆发，英法联军与俄军发生激战，南丁格尔率领 38 名护士奔赴前线，奋不顾身地救死扶伤，使死亡率下降到 2.2%。南丁格尔每天夜晚都提着一盏小油灯，沿着小路到四英里之外的营区逐床查看伤病员，被誉为"提灯女神"，护理工作由此从社会底层提升到受尊敬的地位。她是世界上第一位真正的女护士，开

创了护理事业。1908年3月16日,她在88岁高龄时被授予伦敦城自由奖。"5.12"国际护士节也设立在南丁格尔的生日这一天,就是为了纪念这位近代护理事业的创始人。

皮埃尔·德·顾拜旦(Le baron Pierre De Coubertin,1863—1937),是法国著名教育家,国际体育活动家,教育学家和历史学家,现代奥林匹克运动的发起人。他出生于法国巴黎的一个非常富有的贵族家庭,倡议创立和恢复奥林匹克运动和现代奥运会,用奥林匹克精神来推动国际体育运动的发展。从重建奥林匹克运动精神的角度来说,顾拜旦堪称奥运志愿者第一人。不过,最初的现实是严酷的,从1896年的雅典奥运会至1908年的伦敦奥运会,因为资金短缺,几至半途而废,甚至成为国际博览会的陪

衬。虽然当时还没有"志愿者"的概念，但是却非常需要志愿者的支持。顾拜旦义不容辞，将毕生精力和所有财产都奉献给了这项运动。1896年至1925年，他曾任国际奥林匹克委员会主席，并设计了奥运会会徽、奥运会会旗。他去世后，甚至将自己的心脏埋在了奥运圣地奥林匹亚。由于他对奥林匹克不朽的功绩，被国际上誉为"奥林匹克之父"。

茂文钟士（Melvin Jones）国际狮子会（Lions Clubs International）创始人。国际狮子会目前是世界上最大的公益服务组织，拥有46000个分会及近140万会员，会员遍布世界208个国家和地区。国际狮子会的英文名称是"LIONS"，其中"L"代表Liberty（自由），"I"代表Intelligently（智慧），"O"代表Our（我们的），"N"代表Nation's（民族的），"S"代表Safety（安全）。这几个字母连在一起就成了"LIONS"，恰好是英语"狮子"的意思。近来又有人做了新的解释：Loving（爱），Individuals（个人），Offering（提供），Needed（需求），Service（服务），"用我们的爱服务有需求的人"，更加贴

切地解释了狮子会的价值观。

茂文钟士坚信:"只有当你开始为世界上有需要的人做些事情时,你才能走得更远(You can't get very far until you start doing something for someone else)。"这也是全世界热心公益人士的信条。茂文钟士自从组织狮子会后,就结束了自己的生意,全身心为狮子会服务,担任了44年的秘书长,是一位无私、纯粹的伟大志愿者。

1925年,著名作家海伦·凯勒女士在狮子会年会上发表演说,要求狮子会成为"失明人的武士,战胜黑暗之军(Knights of the blind in the crusade against darkness)"。狮子会一直积极为全世界的残疾人服务。

1945年,在旧金山举行的联合国组织委员会上,狮子会被列为42个顾问之一,负责帮助联合国制定"非政府组织(Non Government Organization)"章节。茂文钟士代表狮子会以顾问身份出席联合国的成立大会。

以上四位伟大的志愿者先驱,用自己坚定不移的信仰,持之以恒的行动,坚持不懈的努力,开创了一项伟大事业。现在,他们的服务、奉献精神仍然在激励着我们。想起他们的壮举,还有什么艰难困苦不能克服?还有什么困难能阻挡我们服务人民、奉献社会的决心?在此,向所有真诚奉献的志愿者致以由衷的敬意!

第五节　构建助残志愿者的支持与保障体系

为了爱护志愿者，保护他们的积极性，营造良好的公益服务氛围，引导志愿者更加自觉地开展社会服务，使志愿者事业长期可持续发展，也需要借鉴国外对志愿者的优惠政策与保护政策，不断完善我们的保障支持系统，形成法治化、专业化、国际化的机制，不断促进志愿者社会地位的提高，使志愿者获得更多的尊重、保障与支持。

美国早在1973年就制定了志愿服务法，此后又对其不断完善。美国目前的志愿者法律法规主要包括：《国内志愿服务修正法》、1990年颁布的《国家和社区服务法案》、1993年颁布的《全美服务信任法案》、1997年颁布的《志愿者保护法》、2002年制定的《公民服务法》等。美国在其他相关立法和政策优惠上，都显示出对志愿者活动的大力支持。在对志愿者个人的物质保障方面，也有很多相应的政策法规，如联邦与州都设有开展志愿服务的专门管理机构，每年有专项资金。同时对志愿者绩效进行评估，优秀的志愿者可以享受升学、就业、晋级等多方面的优先考虑和便利。

德国2002年对《奖励志愿社会年法》和《奖励志愿生态年法》进行了全文修正，进一步扩大了志愿服务的范围，该

第一篇 志愿助残的基本理念

法鼓励16岁到27岁的青年暂时离开校园,投身社会服务或环保志愿服务的行列。在进行志愿服务的同时也可以接受教育辅导,加强对服务领域的认识。不仅如此,志愿者在租税、交通、社会保险等方面享有优惠奖励。

日本1995年的阪神大地震后,志愿者团体在救灾抢险中做出了重大贡献。因而日本于1998年通过了《特定非营利活动促进法》,明确认可群众及其组成团体对志愿服务的参与权,并将志愿服务与给薪式劳务明确区分开来。该法还规定了政府在推动、促进和保护志愿者和志愿者团体等方面应承担的责任。

作为成熟的助残志愿者,要明确自己的能力、责任和服务目标。在参与服务的同时,也要充分关注自己的正当权利。

一、助残志愿者有如下权利

1. 志愿者有受尊重的权利。任何人都不得对志愿者进行侮辱、诽谤和歧视。

2. 志愿者有人身安全保障的权利。任何人不得强迫志愿者从事危害其人身安全的活动。

3. 志愿者有知情权。志愿者有权获得所从事志愿服务的真实、准确、完整的信息,包括风险程度、服务领域、服务内容、服务对象等。

4. 获得教育和培训权。志愿者在从事志愿服务前,有权要求接受与其服务行为相关的知识、服务技能等培训,以便更好地从事志愿服务活动,保证志愿服务的质量。

5. 优先帮助权。志愿者自身需要他人帮助时,可以优先获得志愿者组织和其他志愿者提供的服务。

6. 请求解决问题权。志愿者有权要求志愿者组织帮助解决志愿服务过程中的困难和问题。

7. 监督权。志愿者有权对志愿者组织进行监督,对志愿服务工作提出意见和建议。

二、组织者要为志愿者提供支持与保障

志愿服务机构和志愿者服务的组织者,不仅要为志愿者提供服务平台和机会,更要从促进志愿服务事业长远发展的高度,关心爱护志愿者,为他们营造良好的社会环境和服务氛围。

1. 对志愿者进行培训、指导和安全教育,提高志愿者的自我防范意识,使之掌握必备的自救、自卫知识和技能。

2. 与志愿者个人、志愿者所在单位签署协议,明确双方的权利与义务。志愿者组织可根据需要为志愿者办理相应的人身保险。

3. 为志愿者提供支持和帮助,并配备一定数量的专业咨

询人员，疏导志愿者的紧张焦虑心理。

志愿者经过助残服务实践的磨炼，会更有自信心、更有责任心，人格也会更加完善和成熟，成为社会文明和谐的推动者。

第六节　我国志愿助残服务的发展

新中国成立后，特别是改革开放以来，随着经济社会的发展，中华民族助人为乐的传统与志愿助残精神得以有机结合。

一、现代志愿精神的前奏：学雷锋活动

新中国成立后，不仅党和政府十分重视残疾人工作，全社会关心帮助残疾人也蔚然成风。20世纪60年代初，学雷锋活动在全国轰轰烈烈兴起，其核心精神是助人为乐，主要表现形式是帮助老弱病残等社会弱势群体。学雷锋活动是现代志愿精神在当代中国兴起的前奏。雷锋精神教育和鼓舞了一代又一代人，为社会建设做出了不可磨灭的贡献。

二、改革开放促进志愿精神的弘扬

20世纪五六十年代，随着西方残疾人反对歧视、争取权利的社会运动发展，国际社会开始全面关注残疾人问题。1975年

12月，联合国大会通过了《残疾人权利宣言》。1976年，联合国大会第31/123号决议宣布，1981年为"国际伤残人年"，并呼吁：各国政府和非政府机构，都有责任和义务保证残疾人享受到他们应享受的权利，残疾人应当得到社会上的照顾和保护，应当与其他公民一样得到起码的生活必需品。并且呼吁制定一个国际性的行动计划，开展残疾的康复和预防，强调机会均等。1982年12月3日，联合国大会第三十七届会议第37/52号决议通过《关于残疾人的世界行动纲领》，提出了平等、参与、共享的目标。

这个阶段，正值中国改革开放，经济飞速发展之际，社会意识也逐渐与世界同步。当时一些优秀的残疾青年如吕争鸣、刘京生、朱泱，已经以各自的方式发出呼声，提出建议。1981年的7月9日《中国青年报》刊登了北京的残疾人林达的一份建议和曹雁等六人的呼吁。

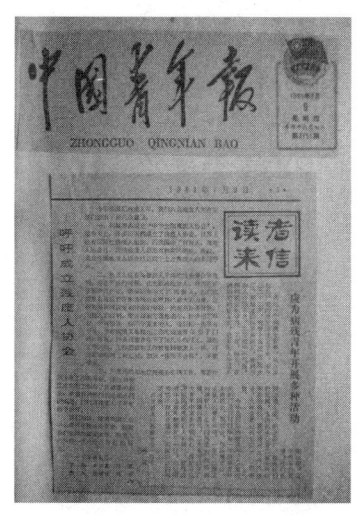

之后，吕争鸣、刘京生、林达、曹雁、朱泱等相识成为朋友，四处奔走，向政府和社会呼吁关注残疾人问题。1981年9月21日，他们五人联名向全社会和广大残疾人朋友发出成立残疾人组

织的呼吁信，全国各地 100 多位残疾人响应，并于 1982 年成立了我国第一个残疾人民间社会组织"北京病残青年俱乐部"。

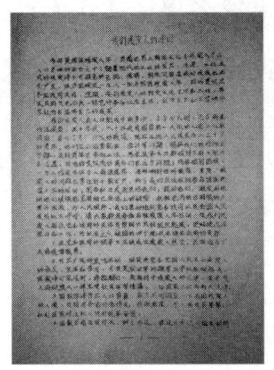 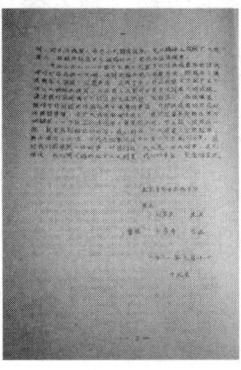 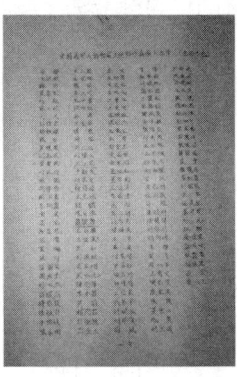

高士其老人对这个俱乐部给予肯定，吴运铎为俱乐部题词"峰高无坦途，我当自奋力"，作曲家谷建芬老师专门为残疾人作词的"希望的曙光"谱曲……

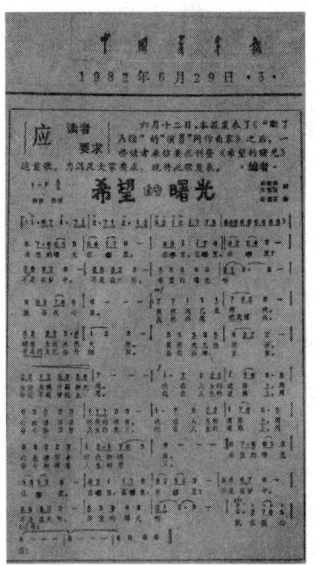

残疾人问题也成为社会上热议的话题，《光明日报》开辟专题讨论"残疾青年怎样生活才有意义"。全国政协委员冯亦代、黄苗子、张权等在政协会议上积极呼吁国家关注残疾人问题，建议国家成立残疾人组织。张海迪专门到俱乐部走访，捐赠了图书，看望了孙恂大姐。著名英籍作家韩素音也多次访问俱乐

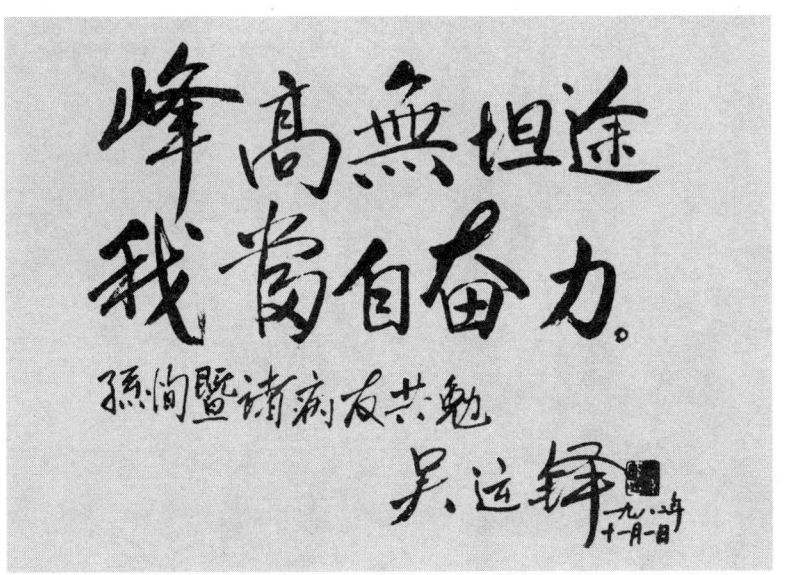

部，撰写文章给予鼓励。

"工合"组织的创办人之一路易·艾黎，著名专家爱泼斯坦、伊莎白、魏路诗、沙博理等对俱乐部给予宣传，提供多方面的帮助。

俱乐部在全社会的理解支持下，开展了一系列文化体育活动，中央乐团、中国评剧院、中国歌舞团举行专场义演，为俱乐部提供赞助，北京市领导、团市委领导也纷纷给予支持。

伴随国家改革开放的步伐，残疾人事业迎来了前所未有的机遇，也给渴求平等参与社会生活的残疾人带来希望。北京病残青年俱乐部的影响逐渐扩大，大连、广州、武汉、西

第一篇 志愿助残的基本理念

安等城市的残疾青年先后建立了残疾青年协会，也涌现了张海迪、史铁生、王新宪、吕世明、徐凤建、王延等一批优秀残疾青年。

在那个年代，参与社会活动的残疾人和义务支持、帮助残疾人的各界人士，都是在服务社会、无私奉献的志愿精神引领下，为残疾人事业做出了突出的贡献。残疾人以志愿服务精神展开互助，也感染了越来越多的人支持残疾人事业。

从那时起，现代意义上的志愿助残活动在全社会空前踊跃，志愿者组织纷纷涌现，服务内容涵盖方方面面，成为彰显志愿精神的重要力量。这个阶段之后，传统美德与国际理念相结合，中国志愿助残服务队伍开始成为一支充满活力的社会力量，在推动社会文明发展方面发挥着越来越重要的作用。

1984年3月15日，中国残疾人福利基金会正式成立，1988年3月11日，中国残疾人联合会在北京成立，标志残疾人事业迈向新的里程碑。经过二十多年努力，涉及残疾人的法律法规逐渐形成体系，残疾人组织日趋完善，服务能力日渐提高。2007年上海特奥会、2008年残奥会、2010年亚洲残疾人运动会之后，全社会对待残疾人的态度已发生巨大转变，助残意识迅速提高。种种进步，志愿者功不可没。

第一篇　志愿助残的基本理念

> 中国残疾人联合会是全国各类残疾人的统一组织，是国家法律确认、国务院批准的，由残疾人及其亲友和残疾人工作者组成的人民团体。
>
> 其职能是代表残疾人共同利益，维护残疾人合法权益；团结帮助残疾人，为残疾人服务；履行法律赋予的职责，承担政府委托的任务，管理和发展残疾人事业。

三、志愿助残形成规模和体系

早在中国残疾人联合会成立前，1986年，由邓朴方主席倡导推动，国家教委、共青团中央、全国妇联和中国残疾人福利基金会联合发起了"红领巾手拉手助残"大型公益活动，全国数以千万计的少先队员成为志愿助残的实践者。该项活动广泛动员少先队员、少先队组织与残疾人广交朋友，开展多层次的助残服务。多年来，这项活动持续开展，少先队员们踊跃参加，为残疾人献爱心、做好事。广大少年儿童与残疾小朋友手拉手，心连心，情感互动，共同成长。"红领巾手拉手助残"培养了广大少年儿童心中有他人、心中有集体、心中有祖国以及理解、尊重、关心、帮助残疾人的良好道德风尚，一批又一批"红领巾"成长为助残志愿者。

志愿助残被纳入各个时期政府制定的残疾人事业五年计划（发展纲要）。1991年制定的《中国残疾人事业"八五"计划纲要》提出，在全社会开展"全国助残日"活动，继续组织好"红领巾助残"活动、"青年志愿者助残行动",广泛开展多种形式的助残活动。现阶段正在执行的《中国残疾人事业"十二五"发展纲要》把志愿助残提升到更高程度,提出将志愿助残工作纳入国家志愿服务总体规划,开展"志愿助残阳光行动"。建立健全助残志愿者招募注册、服务对接、评价激励、权益维护等机制,促进志愿助残服务的专业化、常态化和长效化。由于国家的大力支持,志愿助残活动蓬勃发展,助残志愿者人数现已达到850万。

1988年3月11日,中国残疾人联合会(简称中国残联)成立。从此,志愿助残服务进入了新时期。中国残联作为全国志愿服务活动协调小组成员单位,主动及时地推动将志愿助残工作纳入志愿服务和学雷锋活动大局,协调各相关单位,积极整合志愿服务资源,志愿助残合力日益显现。中国残联先后与中央文明办、民政部、共青团中央等部门联合出台多个文件,举办多项活动,将志愿助残融入全国文明城市、全国文明单位、全国文明村镇等的评选内容,将志愿助残工作纳入社区建设项目,推动志愿助残工作在全国各地广泛持续开展。2002年,共青团中央、中国残联共同实施了大型志愿助残服务项目"百万青年志愿者助残行动",用3年时间招募了300多万名注册志愿者,组建了一支助残志愿者骨干队伍,同时在残疾人比较集中的场所普遍建立志愿助残服务基地和助残服务站,通过

第一篇 志愿助残的基本理念

"一助一"结对服务的方式,为全国特困残疾人及其家庭提供长期稳定的志愿服务,以实际行动践行"奉献、友爱、互助、进步"的志愿精神。

"百万青年志愿者助残行动"历时3年,涌现出许多助残志愿者先进集体和先进个人。为进一步弘扬"奉献、友爱、互助、进步"的志愿精神,引导广大青年积极参与助残志愿服务工作,带动社会各界共同关心帮助残疾人,2005年,中国残联、共青团中央决定授予北京市朝阳区青年志愿者协会等113个志愿者组织"'百万青年志愿者助残行动'先进集体"称号,授予吴代莉等89名志愿者"'百万青年志愿者助残行动'先进个人"称号。

"十一五"期间,"百万青年志愿者助残行动"继续实施。各省注册助残志愿者人数以每年20%的幅度递增,到"十一五"末,全国注册助残志愿者人数已达到600万。制度建设进一步加强,志愿助残工作的长效机制建设逐步推进。"十二五"以来,志愿助残工作逐步纳入国家志愿服务总体规划,各部门更加重视,开展了形式多样的志愿助残活动,并积极采取措施,促进志愿助残服务的专业化、常态化和长效化。

2010年7月1日,中央文明办、民政部、司法部、解放军总政治部、共青团中央、全国妇联、全国老龄办、中国残联八部门联合出台《关于加强志愿助残工作的意见》(残联发〔2010〕15号），就进一步加强志愿助残工作提出明确目标和要求，标志着志愿助残工作开始迈向规范化、制度化和长效化。《意见》还要求规范建立招募与注册、培训与对接、评价与激励等志愿助残工作机制，要把志愿助残工作与"创先争优"教育活动紧密结合，将志愿助残活动开展情况作为评选文明城市、文明村镇、文明单位的重要内容，纳入城市公共文明指标测评。7月6日，中央文明办、民政部、中国残联在湖北省武汉市联合召开全国志愿助残工作会议，对志愿助残工作进行部署，并启动了全国"志愿助残阳光行动"。

2011年5月26日，中央文明办、中国残联印发《全国"关爱残疾人志愿服务活动"实施方案》（残联〔2011〕95号），要求加强关爱残疾人工作的社会宣传，广泛开展关爱残疾人志愿服务活动，构建关爱残疾人志愿服务工作网络，建设关爱残疾人志愿服务人才队伍，并从加强组织领导、加大经费支持、健全工作机制、注重城乡统筹等方面提出了明确的工作要求。

2012年4月24日，为认真贯彻落实党的十七届六中全会精神，扎实推进关爱他人、关爱社会、关爱自然志愿服务活动，大力弘扬雷锋精神，推动学雷锋活动常态化，中央文明办、教育部、文化部、全国总工会、共青团中央、全国妇联、中国残联联合印发《关于组织开展"关爱他人——爱幼助残志愿服务行动"的通知》，要求广泛开展社区家庭、康复医疗、

第一篇 志愿助残的基本理念

支教就学、就业培训、扶贫开发、文化体育、权益维护等助残志愿服务行动，积极为残疾人排忧解难。还要求推广"残疾人康复（托养等）机构＋志愿者＋企业（个人）赞助"、"青少年宫＋智障儿童＋志愿者"等模式，发挥好"爱心亭"助残服务联络站点的作用，整合助残志愿服务活动资源。不断壮大志愿者队伍，建立完善注册登记、动态管理、激励保障机制，实现志愿者、服务对象和活动项目的有效衔接。

2013年6月25日，中国残联印发《中国助残志愿者注册管理办法（试行）》，进一步完善了助残志愿者招募注册、服务对接、组织管理、评价激励等制度，提升了志愿助残工作的规范化、专业化管理水平。

1998年国务院残工委印发的《关于加强基层残联建设的决定》要求，乡、镇、街道要建立助残志愿者联络站，在志愿者与残疾人之间牵线搭桥，广泛联络动员社会各界人士和单位，为残疾人提供就近就地、灵活多样的服务。目前，覆盖城乡的志愿助残工作组织网络已基本建立，全国已建立助残志愿者联络站（点）30余万个，注册助残志愿者达到850万人，受助残疾人近5000万人次。

在志愿助残活动中，县（市、区）残联负责志愿者助残的动员与组织；街道、乡镇残联助残志愿者联络站和社区及村助残志愿者联络分站或助残志愿者联络员，负责本辖区内志愿者助残的具体实施与联络。进行需求与资源调查，掌握残疾人的基本情况、需要服务的内容和要求，掌握志愿者的分布、特长及可以提供服务的项目和时间，并分别登记造册，建档立卡。在志愿者和残疾人之间牵线搭桥，确定帮扶关系和联系办法。定期了解、统计、汇总志愿者助残的服务情况。负责向志愿者所在单位反馈志愿者的助残业绩及表彰奖励的推荐申报工作，会同有关部门做好先进典型的宣传报道。

基层志愿助残服务的内容以日常生活服务为主，因人因地制宜，提供多方位的服务。如打扫卫生、洗衣做饭、买粮买煤、修理家电、修缮房屋、看病就医、帮助外出等。还可以根据志愿者的特长和志愿者单位的资源优势，为残疾人提供医疗康复、技能培训、扶贫就业、法律帮助，为残疾人或其子女提供学习辅导等方面的服务。在农村，还应为残疾人劳动生产提供服务，如生产技能培训、购买生产资料、帮助耕种收割和产品销售等。

基层志愿助残服务应从残疾人的实际需求和志愿者可以提供的服务及能力出发，采取灵活多样、方便有效的形式，就近就地开展服务。可以"一助一"、"众助一"，也可以"一助众"；可以定人、定时服务，也可以临时服务；可以上门服务，也可以定点接待服务；可以提供劳务服务，也可以提供资金、物质帮助等等。将志愿者助残纳入党政干部"帮扶结对"、"青年志愿者行动"、"妇女手拉手"、"社区精神文明建设"、"军民共建"、

第一篇 志愿助残的基本理念

"警民共建"、"科技文化三下乡"、"送温暖"、"雏鹰争章"等现有的行之有效的帮扶活动,同时坚持开展"红领巾助残"。

在志愿助残过程中,县、乡残联负责进行服务登记。县级残联印制《志愿者助残服务手册》和《志愿者助残联系卡》,由乡镇、街道助残志愿者联络站核发。《服务手册》包括志愿者的姓名、工作单位、联系办法、服务内容、服务时间等项目,由志愿者持有,用于记载志愿者助残的服务情况,并由接受服务的残疾人在上面签字或盖章,作为表彰和评选先进的依据;《联系卡》包括志愿者的姓名、单位、联系办法和可以提供服务的内容、时间等项目,由残疾人持有,以便与志愿者联系。

为对志愿助残行为进行激励表彰,县级设立"志愿者助残先进个人"和"志愿者助残先进单位"荣誉称号,由政府残疾人工作委员会制定表彰办法和条件,并对符合条件的个人和单位给予表彰,授予荣誉称号,颁发证书和奖状。志愿者助残先进个人和先进单位的条件应包括基本的服务时间要求:先进个人的服务时间原则上应累计达到100小时,先进单位参加助残活动成员的人均助残服务时间原则上应累计达到80小时。对长期坚持、成绩突出的个人和单位,应纳入地方政府和国家表彰系列,给予表彰,授予相应荣誉称号。

为认真学习贯彻习近平总书记关于关爱残疾青少年的重要指示精神,发挥青年志愿者在助残工作中的积极作用,动员广大青年和社会公众积极参与助残志愿服务,共青团中央、中国残联决定,在全国实施中国青年志愿者助残"阳光行动"。2014年2月19日,共青团中央、中国残联联合印发《关于实施中国青年志愿者助残"阳光行动"的通知》。2月28日至3月1日,共青团中央、中国残联在北京共同召开中国青年志愿者助残"阳光行动"启动工作会议,对启动实施"阳光行动"进行全面部署。

中国青年志愿者助残"阳光行动"以"心手相牵,共享阳光"为主题,服务对象以残疾青少年为主,并尽力帮助其他残疾人及其家庭,重点围绕日常照料、就业支持、支教助学、文体活动、爱心捐赠等方面内容开展志愿助残工作。将通过4至5年的努力,使"阳光行动"基本覆盖城镇残疾青少年,惠及绝大部分农村残疾青少年,并实现常态化、长效化运行,成为社会知名志愿服务品牌。

2014年3月4日,中央文明办、中国志愿服务联合会在北京召开全国"邻里守望"志愿服务活动工作座谈会,会上中国志愿服务联合会、中国残疾人联合会共同发出《"邻里守望——让志愿服务走进每个残疾人家庭"倡议书》。倡议书旨在汇聚每一个志愿者的力量,从细节着眼,从小事做起,从身边帮扶,通过主动搭把手、帮扶结对子等服务方式,真诚帮助每一位需要帮助的残疾人。

第一篇 志愿助残的基本理念

"邻里守望——让志愿服务走进每个残疾人家庭"倡议书

全国志愿服务组织、志愿者朋友们：

为深入践行社会主义核心价值观，大力弘扬人道主义思想，传承中华民族助残济困的传统美德，为广大残疾人创造平等参与社会生活的无障碍条件，中国志愿服务联合会、中国残疾人联合会共同倡议："邻里守望——让志愿服务走进每一个残疾人家庭。"

邻里守望进家门。我们要从家庭入手，从细节着眼，从小事做起，从身边帮扶。培育和谐邻里关系，倡导友爱互助风尚。编织社区爱心网，提升社区归属感，共筑残健融合大家庭。

邻里守望搭把手。当残疾朋友需要生活照料时，主动搭把手；需要出行引导时，主动搭把手；需要心灵沟通时，主动搭把手；需要家教辅导时，主动搭把手。搭上一把手，献出一份爱。

邻里守望结对子。大力倡导"一助一，多助一"结对帮扶志愿服务活动，为困难残疾人送上温馨帮助，为残疾老人提供亲情陪伴，让残疾儿童得到关心照料，让志愿服务进入每个残疾人家庭。

邻里守望我先行。共产党员、共青团员要带头示范，文明城市、文明社区要带头先行，广大志愿服务组织和志愿者要积极参与，让志愿助残的共识，成为每一位公民的自觉行动。

志愿者朋友们，让我们用实际行动，真诚帮助每一位需要帮助的残疾人，汇聚志愿力量，共享美好生活！

中国志愿服务联合会　中国残疾人联合会
2014年3月4日

第二篇

志愿助残知识与技能

2007年上海特奥会、2008年北京残奥会、2010年广州亚洲残疾人运动会期间,志愿者优异的表现为赛会的圆满成功,也为城市建设做出了巨大的贡献。近年来,志愿助残服务的范围和规模正以超越人们预期的速度发展,成千上万的志愿者关注残疾人群体、学习助残的知识,掌握助残的技能,在各个领域为残疾人提供支持,同时也在传扬着一种平等、尊重的理念。这种理念的普及,必将大力推动中国志愿服务和残疾人事业的发展,使我们的社会更加和谐。

第一章　为视力残疾人服务

为视力残疾人服务,助残志愿者需要掌握一些通用的服务技能,并且在观察和理解服务对象的基础上,针对不同的需求,提供科学、有效、恰到好处的帮助和服务。

第一节　什么是视力残疾

视力残疾是指：各种原因导致视觉器官或者大脑视觉中枢障碍,难以或无法接受视觉信息,导致双眼视力低下并且不能矫正或双眼视野缩小,以致影响其日常生活和社会参与。包括盲及低视力。

低视力者占视力残疾者的绝大多数,他们在光线较强的地方或者熟悉的场地能行动自如,但是在光线较暗的地方会遇到辨认困难。比如观看多媒体,或者遇到一扇玻璃大门都会有障碍,阴天时也会难以辨认公交车、站牌、厕所标识、房间号等。需要志愿者做有心人,随时发现需求,给予及时的支持和帮助。

全盲残疾人的需要最为典型，触觉和听觉是视力残疾人认识事物的重要方法，也就是我们所说的"以手代目"、"以耳代目"，而手所能触及的范围是十分有限的，耳所能听到的声音也是转瞬即逝的，这就导致视力残疾人对事物及周围环境的认识不够完整，需要视力健全人给予特殊的帮助。

一、志愿者需要了解视力残疾人的主要特征

1. 感知觉不完整。因为部分或全部丧失视觉，视力残疾人能感知的视觉信息有限，不易形成完整的感知觉。"盲人摸象"的故事就说明了这种问题。同时，听知觉的选择性会受到环境声音的干扰。比如：多人交谈过程中，可能信息交叉，噪音嘈杂，比较混乱，容易误导视力残疾人朋友。在这种情况下与视力残疾人交谈，最好每个人轮流发言，减少不必要的信息干扰，以便视力残疾人获取有效信息。志愿者在帮助视力残疾人的过程中，对事情的描述最好将"前因后果"、"来龙去脉"、"发展过程"尽量介绍完整，使得视力残疾人朋友掌握信息更加全面、完整。

2. 听觉和触觉功能增强。俗话说视力残疾人的耳朵特别灵，不是说他们的听力比健全人更好，而是他们因为失明而更加注意聆听，有较高的听觉注意力。视力残疾人对声音信息的分析也更为细致，有较高的听觉选择能力。他们的听觉表象更

为丰富，能形成较高的听觉记忆力。例如借助水声可以了解暖壶是否灌满，通过脚步声辨别来人是不是熟人，这是对视力缺失的代偿和适应，也是视力残疾人自身生理条件和生活条件所决定的。

视力残疾人依靠触知觉来分辨物体的各种不同属性，如大小、形状、结构、温度、光滑度、硬度、重量、比例、距离、方向等，他们的触觉感受性也优于一般的健全人。视力残疾人依靠听觉、触觉、嗅觉、运动觉等，可以认识物体的空间关系和自己在空间里的位置，形成空间知觉，并指导自己的定向运动。例如在路上独立行走时，利用回声就不会撞到树和墙等障碍物，利用回声衰减度估计房间大小，辨别房间内堆放东西的多少等。

3. 有意注意增强。受视觉障碍的影响，视力残疾人的听觉、触觉、嗅觉等有意注意有所加强，其中，听觉注意更为突出，注意的稳定性相对较高。例如：明眼人之间，一方的衣着、服饰、神态等发生变化时，另一方的注意力都会受到干扰，而视力残疾人则不会受到这些方面的刺激，仍能凝神定气"洗耳恭听"。一旦注意分散，他们也会出现与活动或场景不相干的面部表情或小动作。

4. 以听觉和触觉记忆为主。先天失明的视力残疾人完全没有视觉表象，他们对颜色、明暗、空间透视没有概念，对人的表情缺少视知觉表象。一些影视剧或文学作品说他们"眼前是一片黑暗",但先天失明的视力残疾人说,"其实我们连什么是黑暗都不知道"。后天失明的残疾人,在失明前能获得一些视觉表象,但因得不到强化,会逐渐弱化甚至消失。有残余视力的视力残疾人,可获得一定程度的视觉表象,但一般也以听觉记忆和触觉记忆为主。在识记方法上,视力残疾人的机械识记能力较强,短时记忆的广度常优于同龄健全人,并且依靠敏锐的触觉,能够分辨和熟记各种常用物品的特征。

5. 具备丰富的听觉想象。虽然视力残疾人以视觉表象为材料的想象会受到限制,可能很难领会"日照香炉生紫烟","落霞与孤鹜齐飞","潮平两岸阔,风正一帆悬"等诗意佳境,但是,他们可以形成听觉想象,常常可以将明眼人所不注意的声响信息或语词连贯起来,展开丰富的想象。

6. 视力残疾可能影响思维,但语言表达没有障碍。如果因为视力障碍导致参与社会实践的时间、范围和多样性受到限制,视力残疾人内心活动动力也可能相对有所减弱,可能会限制其思维的发展,导致容易被事物的外表所影响,对事物的本质特征判断不完整,思维出现片面性,推理产生错误,形成不恰当的概念。例如有的盲童会认为会飞的都是鸟类,圆的能吃的都是水果。但是视力残疾人的语言发展一般不会受到视觉障碍的影响,他们的语言水平与健全人无异,并且能够进行复杂的逻辑思维。在口语方面,由于听觉功能正常,语言表达能力的发展也完全不会受限。

对视力残疾人来说,尽管他们也能说出表示颜色、远近、距离等的词汇,如"波涛汹涌"、"一望无际"、"白雪皑皑"、"雪白"等,但由于缺少视觉经验,词与事物形象往往会脱节,对一些词义往往只是意会而难以深刻领会。

因为无法观察到他人的面部表情和体态语言,一些视力残疾人的语言表达会缺少表情和手势动作的配合。

二、志愿者要了解视力残疾对个体个性心理的影响

视力残疾人的心理发展趋势与健全人完全相同,都遵循由简单到复杂,由具体到抽象,由被动到主动,由零乱到成体系的过程。但是目盲带给残疾人的不仅仅是身体、运动、认知发展的障碍,同时还会直接或间接地影响个性心理特征——人格的形成和发展。

1. 视力残疾人自身对目盲的接纳程度是影响其人格建构的内部因素。不少优秀的视力残疾人朋友,能够理智地认识和对待自己的残疾,在生活中和自己的专业领域发挥特长,获得生活的乐趣,成为生活的强者。但是,如果视力残疾人不能正确对待自己的残疾,不能接纳自己的生理现状,客观上又受视力障碍影响,行动不便,活动范围有限,社会交往减少,主观

上封闭自我，不积极地与人交往，这种隔离于社会的生活态度，将会制约健康人格的形成。

2. 社会环境也会影响视力残疾人的人格构建。社会环境包括心理环境（如人的行为、风俗习惯、法律和语言等）和物理环境（如建筑物、道路等）。如果社会对残疾人抱有偏见，无知者对他们不公、不善，甚至歧视，周围的人缺少与他们的沟通，并且社会环境中缺少必要的无障碍设施等，都会影响残疾人的人格发展，导致出现无助、焦虑、缺乏归属感等心理障碍。即使是身体健全的人，处在生疏冷漠的环境中，得不到理解和有效的帮助，也会产生焦虑不安等情绪，长期下去影响心理健康。残疾人更是如此。

志愿者在为视力残疾人朋友服务时，既要帮助他们解决实际困难，也要给予他们尊重、温暖、关怀和理解。

第二节　为视力残疾人服务的礼仪

1. 志愿者为视力残疾人服务时，要先询问，征得其同意再实施帮助，而不是把自己的善意简单直接地强加给对方。

2. 遇到视力残疾人，在距离一两米远时，首先应主动提示或者问候，让他知道你在附近。初次见面时，要主动介绍自己，尽量多告知他关于你的信息，建立信任，产生亲切感之后，志愿服务才更加有意义。

3. 不要在视力残疾人毫无思想准备时就触碰其身体，切勿因为已经认识了，为了显示亲热，就突然大声疾呼或突然握手和拥抱，以免使他们受到惊扰。

4. 不要随意触摸、剥夺视力残疾人的盲杖或手中的物品。视力残疾人的行李和随身物品一般由自己携带，除非他同意或者提出帮助需求，志愿者不要过于热情地强行帮忙提随身物品。

5. 与视力残疾人朋友交谈，离开时需要提醒他，以免他认为你仍然在身边，继续与你讲话，之后发现无人而产生尴尬。

6. 在握手前，应首先进行语言提示；视力残疾人伸出手时，应主动相迎；当两位视力残疾人朋友需要握手时，志愿者要及时引导他们的手接触。

7. 志愿者初次遇到视力残疾人，不仅言语要有礼貌，动态行为也要适当，尽量留心听取他们的谈话信息，多了解他们的需求和喜好，以便更加有的放矢地提供服务。

8. 遇到两个以上的视力残疾人，不仅要和认识的打招呼，也要与不认识的打招呼。这时如果直呼对方的名字会更有亲切感。对某一位视力残疾人讲话时，先说他（她）的名字，以提示正在对他（她）讲话。

9. 与视力残疾人朋友交流时，志愿者之间尽量不要窃窃私语或者互相用手势交流，让视力残疾人产生猜测，感到不舒服。可以大方地告诉他们，或者离开，到另外的场地交谈。

10. 有不熟悉的视力残疾人朋友在场时，语言上尽量避免反复使用"瞎说"、"瞎猜"、"瞎想"等词句。

11. 志愿者引导视力残疾人出行时，一般不走盲道。选择引导方式要尊重对方习惯，采用规范的导盲方式（下一节有详细介绍），切记不可以推着对方的腰或者拽着胳膊向前走，也不要牵引盲杖来为视力残疾人带路。

12. 引导视力残疾人行进时，特别要有避险意识，如遇到地毯卷边处，地上有电缆电线或垂下的树枝等情况，应及时提醒。

13. 志愿者要当视力残疾人朋友的"眼睛"，而不是做他的"手"，不用替他做所有的事。尽量向他解释你所看到的或他关心的事物。比如，当引导视力残疾人走进房间、会议室、报告厅时，尽量将在场人数、布局、大致环境等介绍给他（她）。

14. 若在较空旷的场地、大厅等处，你要离开，暂时让视力残疾人朋友等待一下的时候，一定要让他坐下或者有所倚靠，不要让他觉得"孤苦伶仃"，无依无靠。

15. 为视力残疾人开门时，要完全打开，以免碰伤。

16. 为视力残疾人指示方位时，描述要清楚准确。如"尺子在你左手外侧10厘米"，"话筒在你正前方一米左右"，而不要用"在这里"，"放那儿了"，"坐这儿"，"坐那儿"这类模糊的说法。引领他们就座时，要明确地告知：请坐在你的左边或右边、前面或后面的位子等等。

17. 凡是有视力残疾人朋友在场的会议、活动，志愿者要尽量对现场情况、主要人员进行描述和介绍，使他们能很快地融入即将参与的活动中。出于礼貌和尊重，在场的主要人员或领导最好先做个简单的自我介绍，帮助视力残疾人朋友依据声音来"认识"现场的人员。

18. 在没有得到主人允许时，不要过度关注导盲犬，伸手抚摸或逗引，分散导盲犬的注意力，更不要随意喂食。

19. 志愿者陪同视力残疾人去银行或购物时，尽量让视力残疾人自理点钞、签名等事务。

20. 部分视力残疾人有残存视力，并且有时会为了验证自己是否"看到"事物而询问志愿者，此时要给予积极回应，鼓励他（她）使用残存视力，这也是对其能力的肯定。

第三节 助盲的基本技能

志愿者引导视力残疾人行走的技能，以及在特定场所进行辅助的技能，统称为"助盲技能"。

一、引导动作

通常情况下，由视力健全的志愿者引导、带领视力残疾人行走是比较安全的方法。

志愿者应先征得视力残疾人的同意。然后，志愿者与对方并排站立，志愿者用靠近视力残疾人的手背，轻触对方手背。视力残疾人被触及的手沿着志愿者的手臂上移至志愿者的肘关节处，四指在志愿者手臂的内侧，拇指在外侧，轻轻抓握志愿者的肘关节。视力残疾人后退半步，站在志愿者的侧后方，抓握的手臂的上臂与身体靠拢，与前臂成直角。当志愿者迈步时，视力残疾人可根据抓握手的感觉跟随行进。

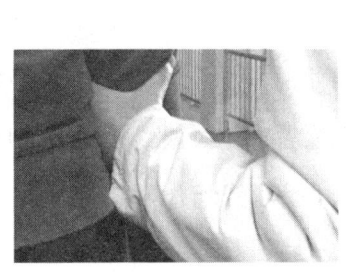 

在室外行走时，因为我国的交通规则是右行原则，建议志愿者站在左边，视力残疾人站在右侧，也就是安全的一边。

二、换边动作

当视力残疾人需要从志愿者的一侧移动到另一侧时，有两种方法。下面以视力残疾人要从志愿者的左侧移动到右侧为例。

逐步换握法：视力残疾人用左手替换下握住志愿者左臂的右手；右手用手背沿志愿者的背部向右移动，摸到志愿者的右臂，同时身体向右移动；左手与右手交换，视力残疾人的左手握住志愿者的右肘部，站于志愿者的右后方。

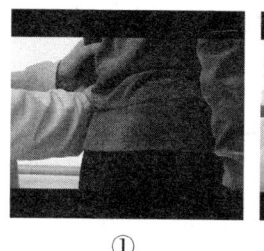
①

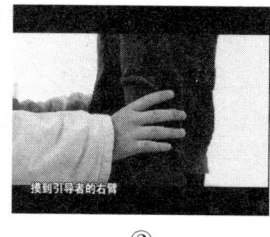
②

③

直接换握法：视力残疾人不松开自己原本握住志愿者的右手，直接将左手从右臂上方沿着志愿者的背部向右移动，握住志愿者的右肘关节，再放开右手，同时身体向右移动到志愿者的右后方。

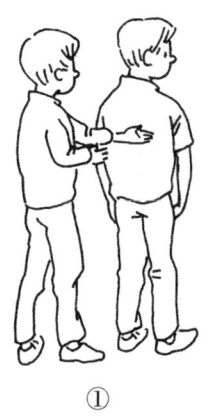
①

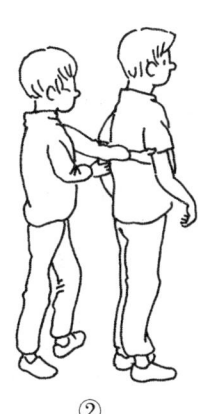
②

三、向后转动作

志愿者先告诉视力残疾人要向后转了,并抬起被抓握的手臂示意;两人同时转90度,面对面站立;视力残疾人用另一侧手抓握志愿者的另一侧手臂肘关节,同时松开最初的抓握手;两人同时再转90度成为同向,视力残疾人后退半步,站在志愿者的侧后方。

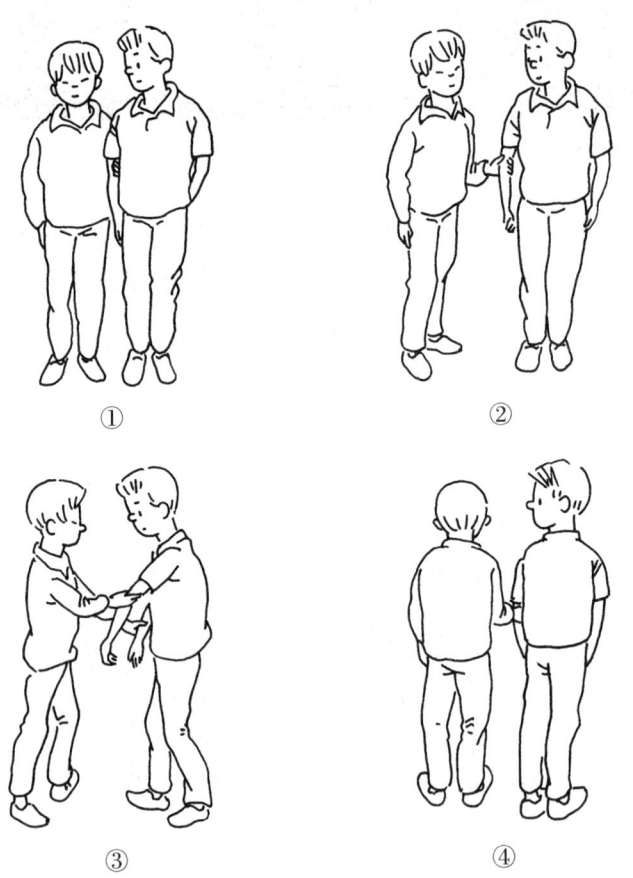

① ② ③ ④

四、过狭窄通道

当要通过狭窄通道时,为了安全,志愿者应把视力残疾人引导到自己的身后行走。

方法是:志愿者将被抓握的手臂向身后弯曲贴于腰部,视力残疾人根据志愿者手臂的变化,将抓握手移到志愿者的前臂,在志愿者的身后行进。当通道变宽敞后,志愿者放下弯曲的手臂示意,视力残疾人恢复原来的行走姿势。

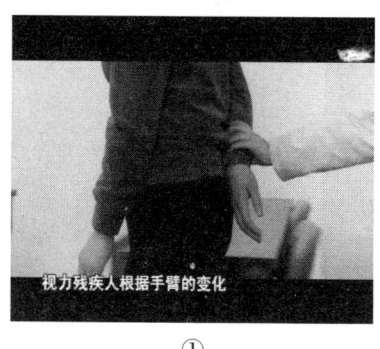

①

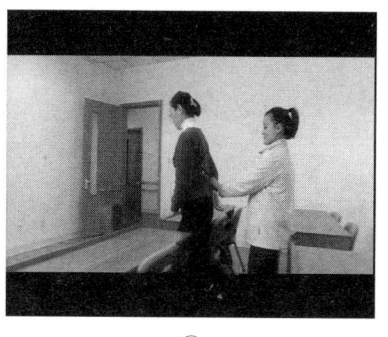

②

五、入座

志愿者把视力残疾人带到桌椅的一侧,把视力残疾人的一只手放在椅背上,另一只手放在桌边;视力残疾人自己调整桌椅间的距离,并确定椅面上没有杂物后,自行坐下。

第二篇 志愿助残知识与技能

①

②

③

六、进门出门

来到门口时，志愿者根据门轴的位置，示意视力残疾人用换边法调整两人的位置，使视力残疾人站在靠门轴的一边；志愿者用被握臂的手摸门把，视力残疾人用靠门轴侧的手顺着志愿者被握臂找到门把并握住；志愿者放开门把，由视力残疾人把门打开；通过大门后，再由视力残疾人把门轻轻关上。

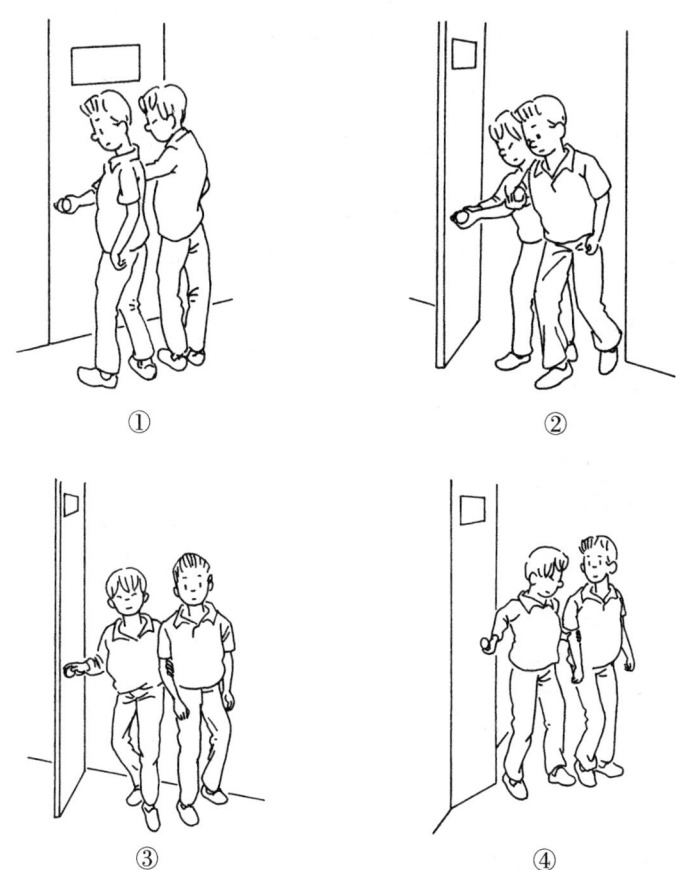

① ② ③ ④

七、上下楼梯

走到楼梯口时,志愿者要稍作停顿,语言提示要上(下)楼梯了。视力残疾人上前半步,与志愿者并排面向楼梯站立。

上楼梯。志愿者先一步上楼梯,视力残疾人根据手臂的感觉跟随,后一步上楼梯。当志愿者上完最后一级台阶时,要略加停顿，示意视力残疾人还有一级台阶就到平地了。视力残疾人上完最后一级台阶并站稳之后，志愿者再带领其行进。

下楼梯。志愿者先一步下楼梯，视力残疾人根据手臂的感觉跟随，后一步下楼梯。当志愿者下完最后一级台阶时，要略加停顿，示意视力残疾人还有一级台阶就到平地了。等视力残疾人下完最后一级台阶并站稳之后，志愿者再带领其行进。

① ②

八、上下电动扶梯

来到电动扶梯口时，志愿者先提示视力残疾人是上还是下。然后把视力残疾人的空闲手放在同侧扶手上，先一步上扶梯，视力残疾人握紧扶手跟随迈步上梯，并调整站立的阶梯位置。当视力残疾人感到扶手变平缓时，略翘起一只脚尖，当这只脚的脚底到达接合处时，向前迈出，另一只脚跟随下梯。

①
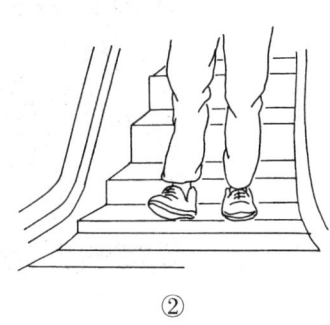
②

注意：如果被引导的视力残疾人从未使用过电动扶梯，建议改用直升梯，以免发生危险。

九、乘车

乘坐小轿车的方法：志愿者把被握肘的那侧手放在车门把手上，告知车头的方向；视力残疾人一手握住门把手，一手扶住车顶边，把门打开，进入就座；志愿者随后进入并关上门。下车时，志愿者先开门下车；视力残疾人一手摸到车门框上沿，确定车门高度后，再向外伸出腿，脚着地后离开座位下车。

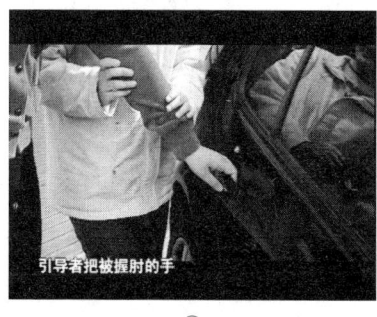
①

②

③

乘坐大轿车的方法：志愿者站在视力残疾人前面，引导视力残疾人抓住车门扶手，按照上楼梯的方法上车。上车后，志愿者协助视力残疾人握紧扶手或拉环，以防车辆开动时摔倒。下车时，待车辆停稳后，志愿者站在视力残疾人前面，引导视力残疾人走到车门口，握住阶梯扶手，按照下楼梯的方法下车。

①上车

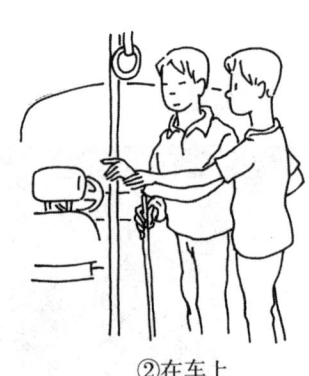

②在车上

③下车

十、使用洗手间

志愿者带视力残疾人走到坐便器正前方,让其摸到冲水把手的位置,若是自动冲水的,要提前告知。然后离开。

十一、使用健身房

带领视力残疾人进门后,按照由近及远,从左到右的顺序大致描述器械布局,特别是类似秋千等有大幅度摆动的器械的位置,以便避让。在使用跑步机等电动器械时,通电前一定要提醒视力残疾人抓紧扶手,以防摔倒。

十二、观看比赛

体育场馆的看台是阶梯式的,每层一般都没有扶手或栏杆,如果观众较多,造成拥挤,视力残疾人可能最先受伤。因此,志愿者把视力残疾人带到座位后,要告诉他,现在所在的位置比赛场大约高出多少（可用座位排数说明），离他最近的通道在他的什么方位，可以扶握的东西在哪里等，并让他摸到。

十三、陪同游览

带领视力残疾人游览时，要特别注意安全。要让视力残疾人走在离水边、山崖边、人多的一边远的那一侧。志愿者要尽可能地把自己的所见描述给视力残疾人听，允许摸的、安全的植物、雕塑等可扶着他的手引导触摸。

在景点可以多招呼视力残疾人拍照留念，之后一定要记得把照片送给他们。

十四、陪同就医

陪同视力残疾人就医时，要适时描述医生在为他做什么，以减少他的紧张感。给他的药物要一一说明用法和用量，并让他摸到放置的位置。对特殊药物要特别提醒服用安全的注意事项。

十五、入住宾馆

志愿者带领视力残疾人入住宾馆时，要告诉他宾馆名称、地址、楼层、房间号、安全通道位置等。最好向服务台要一张写有地址电话的宾馆卡片，由视力残疾人随身携带。进房间后，先向视力残疾人描述房间布局，告知桌上摆放的水杯等物品以及各种电器开关的位置、功能，并让他一一摸到。

宾馆也可根据视力残疾人的需要，为他们做一些特殊设计，如提供质地花纹略有不同的毛巾，便于使用时区分，洗发水和浴液的外包装有明显区别或者提示符号，紧急联系电话设置成一键即通模式等。

十六、陪同用餐

陪同视力残疾人用餐主要注意以下几点：

1. 要根据他的需要准备餐具，例如准备一个碗和一把勺，这样，饭菜就不会被杵到桌子上。

2. 帮他们触摸到自己的碗、筷、杯、盘的位置。

3. 先介绍菜肴再进行询问，切勿采取逐一排除的问句如"您吃鸡肉吗？您吃牛肉吗？您吃鱼吗？这道菜你喜欢吗？那道菜你喜欢吗"，那样会让人不舒服。建议采取反问："你不喜欢吃什么？有什么忌口？"

4. 先夹一两种菜，菜量少一些，待他们吃完后再换另一种，各种菜尽量不要搅在一起，影响口感。

5. 不要让视力残疾人就餐时感到有人在旁观，那样他会有负担，志愿者可以站在稍远处。

6. 为视力残疾人朋友布餐还可采用形象化布菜法，将餐桌上的盘子视为一个钟表，告诉视力残疾人朋友各种菜所摆放的位置，如：色拉在 12 点钟的位置，烤鸡在 6 点钟的位置，面包在 9 点钟的位置等等。这样，视力残疾人朋友只要根据提示触摸到盘子的位置，便能很容易地取到各式菜肴。

7. 视力残疾人朋友需要与人敬酒碰杯时，志愿者应及时给予帮助。

8. 吃到鸡、鱼等带骨食物时，要给予提醒，避免鱼刺、鸡骨扎嘴。

十七、引导购物

引导视力残疾人到商店购物时，要根据他的要求介绍商品信息，如价格、产地、材质、生产日期、保质期等等。尽量让他直接与售货员交流，不要包办代替。要让他亲手摸到所购物品。付款时要让他亲自办理，可以告诉他手中钞票的面额和数量，例如：两张一百元的，三张十元的……购物结束时，可提醒他放好钱包。所购物品尽量由他自己拿着，若所购物品很多，可在征得他同意后帮助拿一部分。

十八、办理银行业务

当志愿者带视力残疾人到银行办理存取款、兑换货币等业务时，要根据他的意愿，提供适当的帮助。点钞、签字等事项要由他自己完成，不要代办。若不能签字可以按手印，此时，志愿者可以先扶着他的手找到签字或按手印的位置，然后离开，由他自主操作。如果视力残疾人不需要帮助，志愿者就站在一米线外等待。离开银行时，要提醒他把钱、单据、证件等重要物品放好。

十九、应急措施和安全防护

每位视力残疾人的残疾情况是不同的，大多有一些禁忌事项。志愿者要特别注意他们的安全。

患青光眼的人，在眼压高的时候，要防止眼睛受到碰撞，否则有可能造成眼球破裂。患白化病的人，要避免在烈日下暴晒，以免患上日光性皮炎。患视网膜脱落的人，要防止头部的震动，以免加剧病情。

当人群拥挤时，要让视力残疾人扶住墙壁、扶手等安全设施，顺人流靠边走，千万不要蹲下，以免摔倒、被踩踏等。当发生火灾时，志愿者除了按规范的逃生规则做外，还要帮助视力残疾人扶住墙壁、扶手等安全设施，让他弯下身子，用湿布捂住口鼻，靠边逃生。

志愿者保护好自己的安全是保护视力残疾人的前提。在逃生的过程中，要尽量让视力残疾人知道你就在他的身边或附近，用身体或语言引导他脱离险境。

第二章 为听力、言语残疾人服务

第一节 什么是听力残疾

一、听力残疾的定义

听力残疾人是指由于各种原因导致双耳听力受损,有不同程度的永久性听力障碍,听不到或听不清周围环境声及言语声,以致影响其日常生活和社会参与。

听力损失会导致信息缺失,更严重的会引起言语残疾。一些残疾人是可以听到声音的,但是不等于听得明白。我们称之为"听力残疾人"或是"听障人士",而不能称之为"聋哑人",在这方面,助残志愿者要多加注意。

> "耳聋"包括听力完全丧失及有残留听力但辨音不清,不能进行听说交往两类。按耳聋发生的时间可分为先天性耳聋和后天性耳聋;按病变性质可分为器质性耳聋和功能性耳聋;按耳聋的病因因可分为遗传性耳聋、药物中毒性耳聋、传染病性耳聋、老年性耳聋等;按对语言学习的影响可分为语前耳聋和语后耳聋;按病变的部位可分为传导性耳聋、感觉神经性耳聋和混合性耳聋;确有病变部位存在的,称为器质性耳聋。没有器质性病变存在的耳聋,如伪聋或癔症导致的耳聋,称为功能性耳聋。

"听"是人们获取信息的重要渠道,听力残疾对人造成的障碍超乎想象。曾经有个记者问海伦·凯勒:如果有来生可以选择,你是愿意成为视力残疾人,还是愿意成为听力残疾人。海伦·凯勒的回答让很多人意外,她说:"成为视力残疾人。"本来大家都在猜测她一定会选择成为听力残疾人,因为听力残疾人四肢健全,而视力残疾人相对行动不便。海伦·凯勒解释说:盲,是人和物之间被隔断了,聋,是人和人之间被隔断了。人和物之间可以通过言语描述沟通,或是把物体带到人身边去消除距离,而人和人之间的距离怎么办?这就是听力残疾人最大的内心困境,需要助残志愿者深刻体会,深入理解。

二、造成听力残疾的主要原因

据第二次残疾人抽样调查结果显示,我国目前有2000多万人患有听力障碍,其中每年新增听力障碍儿童3万人。造成听力残疾的原因主要有:

生理原因:心脏衰退引发的听力减退、耳背。耳与心血管系统的神经分布部位在大脑和脊髓等处相同或相近。人体在心血管致病因素的影响下,往往使耳蜗早于心肌出现病理改变,并损害耳蜗的功能,引起耳鸣、听力下降。另外,神经细胞对缺氧的耐受力极差,如果听神经完全缺氧超过一分钟,就会出现不可逆转的病理损害。而为听神经提供营养的血管极小，当出现动脉血管硬化或血液黏度增高等病变时，很容易造成血管腔狭窄或血流减慢，甚至造成血管闭塞，从而导致听神经受到损害，使其功能下降或丧失，这样就会出现非耳源性耳鸣症状，甚至出现耳聋。

外伤原因：掏耳朵，有人会信手取来发夹、短木棒、毛线针等物，甚至直接用长的手指甲在耳朵里盲目掏挖。只要稍有疏忽或不慎被他人碰撞，就很容易戳破耳道深处薄薄的鼓膜，造成鼓膜破裂、穿孔。不仅会引起耳痛、出血，而且还会使外耳与中耳腔直接相通，引起细菌感染。孩子淘气时，个别父母盛怒之下，不分青红皂白给孩子几个巴掌，也可能造成外伤。又如喜庆佳节，燃放的鞭炮突然在孩子耳边爆炸，巨大气浪直冲耳道内鼓膜；游泳时，孩子一侧耳朵先撞击水面等。这类外伤都会造成鼓膜破裂、穿孔，直接导致听力减退。

疾病原因：耳朵周围器官的病变，有时也会影响中耳腔，从而引起听力减退。如鼻炎、副鼻窦炎、扁桃体炎、中耳炎等。由于耳咽管解剖结构上的特点，儿童在伤风感冒、以平仰位置吸吮乳汁或恶心呕吐时，常常会引起中耳腔的细菌感染，发生急性化脓性中耳炎。当中耳腔内脓液不断增多时，孩子还会因耳痛加剧而大哭，中耳腔内脓液增多的压力也会引起鼓膜穿孔、破裂。如不及时就医或治疗不彻底，会造成慢性化脓性中耳炎。如鼓膜不断遭到破坏，穿孔越来越大，对听力的影响也将日趋严重。

药物原因：医生盲目注射链霉素、庆大霉素，卡那霉素等耳毒性药物，会导致少数过敏体质的人内耳听觉器官中毒，听力明显下降，甚至耳聋。如果病情发生在孩子学说话之前，孩子就可能变成听力、言语残疾人。据统计，因使用这类耳毒性药物引起的耳聋占药物性耳聋的97%。应尽量避免使用这类药物。

噪音原因：噪音是指音高和音强变化混乱、听起来不和谐的声音，是由发音体不规则的振动产生的。噪音或声音过大会刺激耳膜，每天长时间接触噪音，会导致听力下降甚至失聪。一些看似安全的玩具如果使用不当也会对婴幼儿产生危害，比如经过挤压能吱吱叫的空气压缩玩具，在10厘米之内发出的声音可达78至108分贝，相当于一台手扶拖拉机在耳边的响动。玩具电话的噪音竟可达到123分贝，长期下来对于儿童的听力会有很大伤害。有些孩子在收看电视或收听音乐时，往往喜欢把音量开得很大；有的人喜欢听立体声音乐，戴上耳机一听就是几个小时。长时间接触高分贝噪音，会对内耳听觉器官的神经末梢造成不良刺激，从而导致听力下降。

此外还有遗传等原因。

> 志愿者可以参与到家庭、幼儿园、聋儿康复机构的康复训练计划中来，随时随地，就地取材，增加训练刺激量，从而最大限度地挖掘聋孩子的"听"、"说"潜能，这样会更加有效。可以配合家长、专业教师，选择日常生活中使用频率最高的词汇，用"直读"或模仿的方法，鼓励聋儿多说多听，增大语言的刺激量，训练聋儿理解"说的是什么"，逐步使聋儿由被动接受转向主动辨别。在大量"听"、"说"的基础上，采用实际操作、游戏的形式，让聋儿学会应用语言；用提问的方式让聋儿学会思考、表达；用反差对比的方法让聋儿对语言产生理解记忆。志愿者可抓住随机情景，如做饭、吃饭，与他人往来，游戏活动等，让聋儿反复练习，使语言同感受融合起来。

第二节 关于言语残疾

一、言语残疾的定义

言语残疾是指各种原因导致的不同程度的言语障碍，经治疗一年以上不愈或病程超过两年，而难以或者不能进行正常的言语交流，影响其日常生活和社会参与。包括：失语、运动性构音障碍、器质性构音障碍、发声障碍、儿童言语发育迟滞、听力障碍所致的言语障碍、口吃等（3岁以下的儿童不定为残疾人）。

"言语"和"语言"的概念有所不同。言语是指表达、交流的能力，语言则是社会共同理解、共同使用的交际、沟通工具。

在言语和语言两方面都存在障碍才会造成沟通异常。其中由听力受损导致的言语障碍,以先天性或语前聋较为普遍,语后聋的听力残疾人大多保留了语言交流能力。而喉切除导致失声的人,则是言语残疾人中较特殊的个体。他们只是由于喉部发声系统受损导致语言表述障碍,听力没有障碍。

> 资料显示,耳聋在新生儿中的发病率约占 3‰ 至 4‰;0 至 6 岁中度聋和轻度聋约占 5‰,孩子无法听到自己说话的声音,不理解人们通常的语言规范,便很难开口进行语言表达。俗话说"十聋九哑"也是这个原因。

二、言语残疾的主要原因

言语残疾可能由视、听、发音、书写器官的器质性病变造成,也可能是发育性的言语障碍,如口吃和发不出某些辅音等,包括局限性脑部或周围神经病变所致的言语障碍、构音困难和失语。一些残疾人因为脑损伤造成呼吸、共鸣、言语、大脑综合都受到影响。言语产生障碍的主要表现有:

1. 呼吸、发音异常。呼吸不规则、呼吸调节困难、呼吸表浅等引起发音声小、无力或爆发性发音、发音困难。

2. 构音运动异常。如脑瘫患者不能正确控制口唇、舌、下颌、软腭等构音器官的运动,会出现言语清晰度低下,言语速度缓慢或过快、鼻音过重等。

3. 听力低下,吐字不清等。一些人因听力较低,长期缺乏言语交流的锻炼，语言组织能力差，表达能力不够，心里有话说不出，或者说出来担心不能被人理解等，阻碍了与外界的交流。这种语言年龄与生理年龄的矛盾，使得一些人，比如脑瘫患者，交流意愿较低，对周围的事物、对他人的关心程度以及向他人表达自己意愿的能力较低，在某些环境中可能容易陷入无能为力状态，从而阻碍了本来具有的潜在能力的发挥。

言语残疾可通过早期干预、早期发现、康复训练和配置辅具等减少障碍。

> **早期干预**　包括早发现、早诊断；早补偿、早重建；早康复、早训练。最好在婴儿出生三个月内发现诊断听力障碍，六个月实施干预。越早开展聋儿康复教育、训练，康复效果越显著。最佳方案应当是以家庭为中心，使婴幼儿获得交往能力、社会生活技能、保持情感健康和积极向上。
> **早期发现**　开展康复干预，开展与病因有关的各种手术和药物治疗。
> **康复训练**　包括言语康复评价、言语训练及语言矫治。
> **康复器具**　包括对于言语残疾进行治疗和补偿的各种器具，如交流板、交流器和发声学语装置等。

第三节　听力、言语残疾人的服务需求

为听力、言语残疾人提供的服务主要是信息沟通，范围非常广泛，比如社区家庭服务（交水电费、宽带费，银行理财服务等），专业服务（申请补助、救助，房屋和汽车买卖，保险

等），信息援助服务（代打电话、预订票、紧急援助），对外沟通（购物），康复医疗服务，心理疏导，就业指导，外语翻译，法律咨询，纠纷调解等。

社会对他们的关注、支持，首先应当体现在关注其群体性问题，最为关键的是提供信息交流无障碍的社会环境。可以通过声音以外的可感知方式，比如光、文字和振动。不过很多听力残疾人都配戴了助听器或人工耳蜗，所以对辅具要求是有声的。

其一是手机短信，这是我们跟听力残疾人联系、沟通的首选方式。

其二是网络，听力残疾人可以利用这个方便的平台，学习知识，了解信息，进行沟通。

其三是影视字幕。听力残疾人通过收看字幕，能够增加对信息的全面了解。

其四是速录，其速度跟讲话人的语速完全同步，保证了信息的实时和全面。

其五是公共场所的字幕。公共场所对听力残疾人最完美的无障碍环境就是，所有的广播，凡是有声的，都有可视的同步字幕或标志显示。现在已经做到的，比如银行和医院的排队叫号有屏幕显示，地铁与公交车的报站有滚动字幕等。

其六是电子手写沟通板。方便听力残疾人使用书面语跟外界交流沟通。可以用纸和笔，也可以用更先进的电子设备或利用手机写短信息的功能。

第四节 为听力、言语残疾人服务的礼仪与技能

不论为哪一类残疾人服务，都需要树立正确的观念，有正确的态度，增加对残疾人的感情，对残疾人差异性的理解和接纳，建立良好的人际关系，志愿服务才能恰到好处，与听力、言语残疾人交往也是同理。

听力、言语残疾人群体比较活跃，参与社会的热情和积极性非常高，但是因为交流的障碍，难以与健全人顺畅地沟通，因此志愿者在交往过程中，应当以积极的态度，理解他们的实际困难，不断学习相关知识和技能，熟悉他们的个性特征，理解他们的心理需求，志愿服务才会得体、适当。

一、为听力、言语残疾人服务的提示

对于单纯的言语残疾人，因为他们的听力没有问题，所以交流时看似没有障碍。但是，听力残疾给人带来的是隐性信息缺失，在人际交往过程中存在"看不见的障碍"，更容易被忽视，志愿者应当在情感、信息上都给予支持。

对于听力残疾人，沟通时要尽可能近距离地交流，打招呼

时轻拍其肩,问一问最合适的沟通方式是口语、书面语还是手语。听力残疾人一般都乐于说出自己感觉最好的沟通方式。对于使用口语的听力残疾人,志愿者还需要询问"我这样说话您听得清楚吗?"并且说话时尽可能面对他们。

志愿者需要用心、用眼去达到聆听的效果,聆听既是重要的社交技巧,也是工作上必须掌握的技能。

诚恳则是与听力、言语残疾人沟通的基础,无论何时都要面带微笑。这不仅能使服务对象心情舒畅,志愿者自己也会觉得心情开阔而平静,消除双方的陌生感,拉近距离。

(一)与听力残疾人沟通的四个重要原则

第一,要注意沟通时的环境、光线,相互平视。人多嘈杂的环境下,背对着听力残疾人大声叫他的名字肯定无济于事。多注视他的眼神和手势(如看不懂手语,可进行笔谈)。沟通时全程望着对方,特别是眼睛。由于听力残疾人只能用眼睛来"听",所以他们的注意力都训练得非常集中,能清楚记住并理解"谈话"内容。

因此,在与听力、言语残疾人交流时,肢体、表情、眼神等都是重要信息源。一般来说身体要正面相对、微微前倾,保持关注的眼神、倾听的姿态,或者一个招手的动作都可以表达愿意交流的态度。千万注意不要手舞足蹈或大声喊叫。那样除了可能吓人一跳之外,没有任何效果。

第二，对话时不打岔。听力残疾人会依循严格的顺序交流，当一个人"说"完后，另一个才"说"，表面上看沟通的效率好像很低，但实际上这样可以减少误会，确保双方了解对方的意思，比争相发言能更容易也更快地达成共识。

第三，有话直说，内容尽量简单。这也是因为手语始终有局限，听力、言语残疾人只能把自己真实的想法用最直接、最简单的方法表达出来。因为文字更加准确，在发短信、手写交流时可以多使用书面语，但也要注意言简意赅、直截了当和文明礼貌，不必"委婉"，避免用晦涩、幽默或说反话等方式与他们交流，免得引起误解。

第四，不懂就问。因为手语仍是在不断发展的语言。当听力、言语残疾人不明白对方意思的时候，他们会立即表示不明白，不会感到不好意思。不像我们，有时候怕其他人认为自己无用、无知而不敢轻易承认不明白。

另外注意在群体交谈中，要主动为听力残疾人解释或者翻译周围发生的事情，及时将大家交谈中传递的信息转达给他（她），免得引起猜测或误解。

在他们面前，健全人切勿频繁地窃窃私语或者转身相背。

（二）体态语言的运用

人们在交往和信息传递中运用两种语言。一种是口头语言，即我们所说的话语；另一种就是体态语言，是指人在交际过程中,用来传递信息、表达感情、表示态度的非言语的特定身体态势。例如我们常说的"摇头不算,点头算",就是用摇头或点头来表达同意或不同意。不同的体态语可以表现出人们不同的心理特点、精神状态、思想情绪。

口头语言是通过耳来接受的,而体态语言则是通过眼来接受的,也称为可视语言。狭义上的体态语言仅涉及人体本身的形体外貌和态势动作,包括:

眼神与表情:通过面部肌肉的变化,特别是眼睛来显示的情绪色彩(如喜、怒、哀、乐、惊、恐、悲等)和思想表现(如沉思、注意、想象、拒斥、冷淡、热情、欲望等)。

形貌与服饰:主要指人的形体、外貌显示出的不同个性和气质。

身姿与动作:主要指人的总体态势和面向以及个人的全身运动或局部运动的方式所产生的具体意义与象征意义。

> 广义的体态语言还包括:
> **环境与色彩**:主要指人或物所处的特定时间、空间与处所以及环境中的各种颜色,以显示不同时代、地域、季节等背景和寓意。
> **间距与音响**:主要指人与人、人与物、物与物之间的距离和除语言文字外能构成听觉刺激的各种音响,用以表示主次关系、亲疏程度以及加强现场的真实感与渲染烘托气氛。

在人们的交往中,口头语言和体态语言是不可分割、同时存在的。体态语言不是与生俱来的,而是受生活环境、语言习惯、个性修养、情感表达等多种因素的影响，有着浓厚的个人特质，清晰地反映着个人的内在修养。

任何语言的口语都难以像体态语那样，把人的复杂多变的感情表现得那样真切、直观而形象。在一般情况下，体态语是配合口语来发挥交际作用的。人们在运用口语的时候，往往同时运用着体态语，以加强语势，使语言表达更为强劲有力。

在有些情况下，体态语可以单独用来交流，如：口语听不懂，不便用口语表达或在口语表达听不清的场合，都可用体态语示意。在与语言障碍的人交往时，只能用体态语。自然适度的体态语言，应该符合要表达的内容，符合生活的美学情趣，是理、情、仪三者的和谐统一。

体态语言的运用贵在自然、适度，动作应端庄、高雅。主要包括：

微笑。表现友善、谦恭、渴望友谊等美好情感因素，是向他人发出理解、宽容、信任的信号。微笑是缩短人与人之间距离最快捷的方法。正如罗杰·E·艾克斯泰尔所说："有一个世界通用的动作，一种表示，一种交流形式，它存在于所有的文化与国家中，人们不分国别、不分种族地使用它，并理解它的含义。它可以帮助你与各种关系的人交往，不论是业务伙伴还是朋友，它是人们交流中唯一最有用的形式，那就是微笑。"真诚的微笑是发自内心的。礼貌的微笑要注意声和形的适度，包括眼、嘴唇的角度。

视线。视线停留在对方双眼与嘴部之间，为社交注视，是常用的视线交流位置。视线停留在对方前额为严肃注视，会造成严肃的气氛。视线停留在对方两眼与胸部之间，为近亲密注视；视线停留在两眼与腹部之间为远亲密注视。运用后两种眼光时应特别注意，不要造成误会。

手势。通过手和手指来传递信息，包括招手、摆手和手指动作等。手势在日常交流中使用频率很高，范围也很广。手势动作的准确与否、幅度大小、力量强弱、速度快慢、时间长短等都是有讲究的。不同国家、地区、民族，由于文化习俗不同，即使是同一手势，表达的含义也不相同。几种常用的手势如下：

竖起大拇指，一般表示顺利或夸奖别人。但也有很多例外，如在美国和欧洲部分地区，表示要搭车；在德国表示数字"1"，在日本表示"5"；在澳大利亚则是表示骂人，在尼日利亚等地也被认为非常粗鲁，必须避免使用。

OK手势，将拇指、食指相接成环形，其余三指伸直，掌心向外。在美国这种手势表示"同意"、"顺利"、"很好"的意思；在法国则表示"零"或"毫无价值"；在日本表示"钱"；在泰国表示"没问题"；在巴西、苏联和德国则表示粗俗下流。

V形手势，食指与中指伸直分开，手心向外，其余三根手指屈向手心。这种手势源自于英国，由二战时的英国首相丘吉尔首先使用。因为 V 字在英文中代表了胜利（Victory）的第一个字母，以此表达胜利欢欣的意义，现在已传遍世界。如将掌心向内，就变成骂人的手势了。

举手致意，也叫挥手致意，一般用来表示问候、致敬、感谢等。当你看见熟悉的人又无暇分身时，就举手致意，可以立即消除对方的被冷落感。但要注意掌心向外，向着对方，指尖朝向上，张开手掌。

点头和摇头，在世界大多数地方，上下点头表示"是"，左右摇头表示"不"。然而在保加利亚，习惯刚好相反。他们点头表示"不"，左右摇头表示"是"。

身姿。身姿是一个人的思想感情与文化修养的外在表现，表现为走路姿势、站立和坐的方式。不同的站姿、坐姿、步姿可以表现出不同的精神状态、思想情绪。与人的眼神、说话、笑容一样，能展现人的内心世界。志愿者要有自我约束意识，站如松（直），行如风（轻快），坐如钟（挺拔）。

身体接触。人际交往中常用的身体接触或触摸行为主要有：握手、亲吻、拍肩、牵手、拥抱、拥肩、挽臂等。身体接触行为具有十分明显的文化差异。不同国家、地区、民族有着不同的风俗习惯，各自的身体接触行为大相径庭。如西方国家熟人在大庭广众下拥抱、亲吻是习以为常的事，东方国家的人对此就不太习惯。

身体的接触也有着行为规范。不要贸然与人握手,此外交叉握手,长时间握手,在对方正在与别人握手时凑上去握手,该出手时慢腾腾或者该先伸出手时不伸手等都是不礼貌的。另外握手时的神态也非常重要,目光游移,心不在焉,看着其他人而不是握手对象都是不礼貌的表现。

二、学习手语,提升志愿者的专业能力

助残志愿者应该适当掌握一点手语,手语的学习与运用,不仅在于掌握一种语言,还在于使健听人与听力残疾人尽快亲近起来,奠定交流的感情基础。当听力残疾人遇到可以准确、熟练地使用手语的志愿者时,会自然而然地愿意接触,进而可以真正地用心交流,走进彼此的内心世界。

有志于学习手语的志愿者,一开始就要尽量规范、标准,有可能的话与一些听力残疾人朋友交往,在与沟通实践中多多磨炼。如果一时不能掌握丰富的手语词汇,也可以学习一些简单的手势,比如竖起大拇指表示"你好",大拇指面向对方重复弯曲两次表示"谢谢"等。不要用单指直接指向别人。

学习手语,可以方便与听力残疾人朋友交流,但是掌握手语是一个较为长期的过程,初学者与残疾人交往不多时,在一些手语的运用上要格外严谨,注意分寸,注意手语的准确性

和表情的配合。比如"等一等"和"活该"的手语,如果打得不准就容易混淆,造成误解。这两个词的手语所配合的表情是大不一样的,要表达"等一等"时一般面带微笑,而表达"活该"时肯定是生气、愤怒的表情。

有听力残疾人出席的会议等,一般需要由专业人士或者有专业技能的手语志愿者担任翻译。手语翻译应站或坐在合适的地方,不要遮住讲话人,同时也要让残疾人容易看见。仪表要端庄大方,服装要与背景有反差,不戴手套和明显的首饰。精神饱满,动作潇洒,用真诚的情绪感染大家,手势尽量干脆利落,清清爽爽,不能拖泥带水,马马虎虎。用词和手势适合当地听力残疾人的习惯。不要分神、随意中止手势,更不能随意挖耳朵、剔牙、搔痒等。

三、为言语残疾人服务的正确态度

许多言语残疾人在听力上没有障碍,志愿者为他们提供服务时,要保持礼貌,使用文明用语如"您好"、"请"、"谢谢"、"对不起"、"再见"等,这应当是我们志愿者习惯的用语。准确、恰当,带着真情使用文明用语,会拉近与残疾人的距离,彰显志愿者的修养、诚恳和礼貌,提升服务的效果。

恰到好处地向言语残疾人表示亲近友好。以认真的态度,主动关心言语残疾人,会建立良好的沟通,成为服务的基础。

注意以下几点：

一是尽量记住言语残疾人的姓名。这意味着对他们的重视。

二是善用尊称。从言语残疾人的职业、身份、年龄等方面入手，选择对方可以接受的尊称，做到称呼恰当。面对多位言语残疾人时，应分清长幼、男女。

禁用"喂"、"哎"或不恰当的代称如"下一个"、"老头"、"某某号"等。

三是积极倾听言语残疾人的要求。志愿者与言语残疾人交往时，自己首先要保持说话语音标准、语调柔和、语速适中、语气谦恭。特别要注意聆听，尽力了解对方表达的意思。尽量不要重复言语残疾人的话，避免对方误会你在模仿他，提示对方时注意措辞。比如有的无喉者掌握了食道发声的方法，但发声频率低，说话时个别字可能发音不准，志愿者若没有听清楚，可以说"请您重复一遍，好吗？"而不要说"你好好说"、"再大点声"等。

第三章　为肢体残疾人服务

第一节　什么是肢体残疾

肢体残疾是指人体运动系统的结构、功能损伤造成四肢残缺或四肢、躯干麻痹（瘫痪）、畸形等而致人体运动功能不同程度的丧失以及活动受限或参与的局限。造成肢体残疾的原因多种多样，如神经系统损伤、肌肉萎缩、关节病损以及意外的肢骨折断、肢体切除、器官缺损等，其中也包括脑性瘫痪（简称脑瘫）。

肢体残疾人大多在感知、注意、记忆、思维等认知过程方面与健全人并无区别，但在不同年龄段会有不同的服务需求。

婴幼儿期（0至6岁）的肢体残疾人更需要医学康复，主要是抢救性康复、矫形手术等，以使肢体功能尽可能得到恢复，为未来的生活和康复打下更好的基础。儿童期的肢体残疾人（7至15岁）的需求主要是接受教育，良好的教育可以开阔眼界，掌握更多的知识和生活职业技能，为下一步的就业做好准备。成年期肢体残疾人（16至59岁）主要需求是就业，就业不仅关系到他们独立生活和自信心的养成，还关系到家庭、婚姻等。老年阶段的肢体残疾人（60岁及以上）的主要需求为养老。

由于身体损伤，某些能力的丧失和随之而来的社会角色、经济收入等的改变，再加上社会上某些不正确的价值观导致的不公正态度，使得一些肢体残疾人在个性特征方面存在着不同于健全人的特点。

一、肢体残疾人的独立与依赖

多数肢体残疾人心智健全，他们有正常的观察、判断事物及独立思考的能力。不仅有独立自主生活的愿望，还有参与各种社会活动的愿望，喜欢交往，乐意与他人探讨问题，交流思想，更新认识，探索人生的奥秘，喜欢自己动手解决问题。

但是，由于行动困难带来的障碍，社会支持又不足，以及由此而导致的经济不能独立，行动力不从心，不得不依赖亲人、朋友和社会的帮助才能生活。

任何人都不喜欢被干预、限制和控制，肢残人也是如此。事实上，只要条件允许，肢体残疾人完全可以融入社会，从事想从事的工作和活动，从中得到成功，体会奋斗的乐趣。在雅典残奥会上为瑞典夺得4块金牌的传奇式射击选手乔纳斯·雅各布森是瑞典射击协会会员,平时和健全选手一起训练,而且还总是打得比别人都好。他说:"如果将残疾人打入另类,才会有问题。我们和健全人真的没有很大不同。我们其实并不想让别人管得太多,我们能照顾好自己。"

二、肢体残疾人的孤独与交往

每个人都希望得到别人的承认,支持自己、接纳自己、喜欢自己。在社会交往中,人总会更重视自我表现,吸引别人的注意,在交往过程中不断提高人际交往能力。肢体残疾人一旦因自身行动不便或社会环境的制约,参与社会活动机会太少,可能会阻碍他们增加交往经验。长期处于交往屏蔽状态的人,更容易有孤独的感觉。事实上,肢体残疾人非常渴望与人交往,需要友谊和被理解,他们希望参与各种活动,寻找和建立温馨和谐的人际关系,通过人际交往去认识世界,满足自己物质上和精神上的各种需求。

三、肢体残疾人的自尊与自卑

自尊是个体健全心理的支柱。尊重需求既包括对成就或自我价值的个人感觉,也包括他人对自己的认可与尊重。这类需求如果得不到满足,就会使人沮丧,产生自卑感。肢体残疾人同样也有尊重需求,希望别人按照实际形象来接受他们,并认为他们有能力胜任工作,希望掌握自己的生活。当他们赢得了人们的尊重,内心也会因自我价值的体现而充满自信。反之,如果获得的荣誉、肯定和赞誉不是来自真才实学,不是恰如其分,而是徒有虚名,也会在心理上构成伤害。

四、肢体残疾人的情绪与理智

情绪是人对事物的态度的体验。快乐、愤怒、恐惧、悲哀是情绪最基本的四种表现,人的一切活动无不烙上情绪的印迹。一些肢体残疾人由于身体上的缺陷和限制,比较容易过多地注意自己,对别人的态度和评价比较敏感,自我保护意识过强。另一些肢体残疾人虽然行动不便,社会活动有所减少或改变,但兴趣广泛,善于学习和调整自己的心态,始终保持思路清楚,做事稳重认真,待人真诚,获得了更多的支持与资源,得以自立于社会。

五、残疾的生理补偿与心理补偿

当身体的某一器官产生病变或有缺陷时,另一些器官的功能会相应加强,以弥补其功能的不足,这就是生理补偿。甚至不同器官也有相互补偿的作用,这是一种生理适应机制。人体固有的补偿功能使一切生理缺陷都可以在一定程度上得到补偿。

心理学家发现，当一些人因为缺失了某一种生理功能，遭受到某种强烈的打击或者失意时，会产生强烈的补偿的愿望，这种要求就是心理补偿，是一种心理适应机制。从生理上看，身体在努力弥补，尽量恢复平衡；从心理上讲，主观能动性高度乃至极度发挥。因此，一些因为意外、疾病造成的残疾反而可能激励人奋发向上。著名历史学家司马迁在《报任安书》中说："盖西伯拘而演《周易》；仲尼厄而作《春秋》；屈原放逐，乃赋《离骚》；左丘失明，厥有《国语》；孙子膑脚，《兵法》修列；不韦迁蜀，世传《吕览》；韩非囚秦，《说难》《孤愤》；《诗》三百篇，大底圣贤发愤之所为作也。"也可视为心理补偿的实证。

心理补偿在程度上是因人而异的，但其作用往往很强大。在生理补偿的基础上，积极进行心理补偿，会使生命之光更加灿烂。

第二节　为肢体残疾人服务的礼仪

为肢体残疾人服务时，和健全人一样，志愿者要坚持"律己敬人"，把握"观念正确、态度合理、举止恰当"的原则。

一、称呼上的礼仪

在帮扶肢残人时，应该按照我国的习惯选择恰当的称谓，要注意年龄差距：对待年长者，要称呼叔叔阿姨，对待年龄相仿或者年幼者，可直接叫名字。即使是非常熟悉，关系非常好，也绝对不能说"跛子"、"瘸子"、"瘫子"之类的词，更不能开类似的玩笑。在称呼的口气、语调上要亲切、亲近，彬彬有礼。书面语则应称呼他们肢体残疾人或肢体残障人士（简称肢残人）。

志愿者帮扶外国残疾人时，要按照国际习惯，冠之以"先生"、"女士"、"太太"、"小姐"，或者使用本人告知你的昵称，要充分考虑服务对象的国籍、民族、宗教等各种社会文化背景。

二、注视时的礼仪

志愿者与肢体残疾人、脑瘫患者相遇时，眼神和表情很重要，做到以下几点：一是要用正常的眼光看待，千万不要一看见残疾人就露出奇怪或好奇的眼神，甚至被意外的身体形态"惊呆"。二是不能把目光长时间停留在他们的残疾部位。如果事先不知道，看过后把视线自然移开，关注对方的面部神情。如果事先知道，尽量不要注视其残疾的部位。三是不要上下打量肢体残疾人，无意间制造出压迫感，拉开彼此的感情距离，给志愿服务造成隔阂与困难。四是不要以同情、怜悯的眼神看待肢体残疾人，尽管他们或是肢体不完整，或是因残障行动艰难，一些脑瘫患者甚至行动怪异、四肢扭曲、不能控制身体，但他们的思维完全正常，能通过眼神读出你的异样。

志愿者应以积极接纳的态度，用残疾人的拼搏精神激励自己，由衷欣赏他们身上展示出的优秀品质，这样才有可能发自内心地尊重他们，才有可能做到帮助得法。

三、交谈时的礼仪

与坐轮椅的残疾人交谈时，如果对话时间超过一分钟，志愿者最好坐下来，或者采用蹲姿，使双方的视线基本保持在同一水平线上。

不要倚靠肢残人的轮椅或者其他辅助设备，以免移位造成危险。

不要拍轮椅使用者的头或者肩，用居高临下的方式向他表示友好。

事先没有征得肢残人同意，不要帮他们推轮椅。

初次见面时，除了要特别注意回避与其生理缺陷有关的词语和内容，一般也不要主动涉及"你是怎样残疾的"、"你家里还有残疾人吗"、"在哪里治过病"等话题。

一些肢残人残疾较重，不要强求他们一起合影，尤其要避免对肢残人的残障部位做特写拍摄。

第三节 为肢体残疾人服务的基本技能

为了使肢残人乐于接受和认可我们提供的服务,志愿者需要掌握一些特别的基本技能和技巧。

一、基本服务技能

1. 尽量让肢残人做力所能及的事,当他们表示不需要帮助时,志愿者不要强行前去帮忙,也尽量不要干预,只做辅助支持。比如拄双拐的残疾人行走或上下楼梯时,贸然扶一把,容易使他们身体失去平衡,反而"帮倒忙"而导致尴尬。

2. 助残服务最好是"向物不向人"。志愿者在残疾人不经意间为他们清理好道路,打开大门和电梯,创造良好的环境,无须直接身体接触。

比如:为上肢损伤和截肢者服务时,需要观察了解他们的习惯。单臂与双臂的截肢者,需求各不相同,有的人可以用嘴、手穿衣和系鞋带,当志愿者发现有些问题没有完全解决时,可以给予提示:如鞋带是否系好,所带的用品是否需要帮助拿放等等。

肢残人大都有一定的自理能力,更喜爱生活的自主独立。这类残疾人在长期实践中往往练就了独特的生活自理方法,比如在帮助就餐时，除非他们直接求助，否则只要询问他们需要什么餐具即可，切忌直接喂他们吃东西。

3. 尊重也体现在保护残疾人的隐私和习惯上，特别是在更衣、如厕时，有的肢残人可能因大小便失禁后遗症使用尿不湿，有的脑瘫患者言语不畅、沟通困难，还有的人我们不知道会有什么特殊需要。只有得到残疾人的同意后，志愿者才可一同进入更衣间、洗手间，给予恰当适时的帮助。因此志愿者要随时做好准备，一旦对方求助，要尽力相帮。

4. 引导肢体残疾人和脑瘫残疾人行进时，速度要缓慢，特别要注意路面的情况，当路滑或有水时要给予提示。肢残人上下台阶时，如果对方同意，可以伸出一只手臂，让对方以主动的方式扶住你，随时可以放开，这样比较恰当。平路应主动走在残疾人侧前方 1.5 米处。上坡道时要缓慢，走在他们的侧后方或不方便的一侧（保持一定安全距离）。与持有助行器（单拐、双拐、手杖）的残疾人同行时，上楼梯或乘电动扶梯最好走在他们前面，不要让他们有紧迫感。为了方便照顾，也可在征得同意后，陪伴在合适的位置。与单手使用辅具（拐杖）的残疾人同行，可搀扶其不用辅具一侧的手臂，必要时，经残疾人同意，可以协助其完成在坡道或较窄通道中的行进。

5. 学习以"我"字而不是"你"字开头，询问对方需求。在服务时，"我能为你做点什么？"比"你需要帮忙吗？"

更容易让人接受。

当双方出现误解或沟通障碍，尤其是情绪不佳（抱怨、愤怒等）的状态下，都会表示指责与不满。用"你"作为开头时，会把说话者的指责意味表露无余，促使对方急于为自己辩护，把沟通大门关闭，从而引发争执。因此，在提到自己感受的时候，要注意"我"字的运用，如果将"你"换成"我"作为主语，将会带来不同的结果。有助于准确地表达出自己的感受，引起正向注意，让对方不会有被批判的感觉，促使双方开始沟通。

在这个基础上可以融入表达的技巧：描述对方的行为，你对他行为的想法，你的感觉，对方的行为对你（们）造成的影响等。经过这样的处理，激烈的对抗意味的话语就会被调整得温和而合理。"我"信息在实际生活中很实用，能降低防卫心和攻击性，打开沟通之门。志愿者也可以了解到，当服务的对象用言语表示不满时，正表明他处在什么样的状态中，自己要更好地理解与帮助他们。同时，诚恳的态度也更容易获得被服务对象的认可。

6. 无论是到家中还是宾馆，造访重度肢残人一定要提前预约，事先征得本人同意，因为许多残疾人一旦没有佩戴假肢、支具，没有乘坐轮椅，行动就会非常不便，意外来访会给他们带来压力或尴尬。

7. 70%至80%的脑瘫患者伴有不同程度的语言困难,志愿者为他们服务时,需要掌握一些特殊技能与方法。可以通过书写、打手势、提问等方式来交流。例如,可以使用图文对照的交流画板或手册,让语言困难者指点图或字,或拼出单词来沟通。严重的脑瘫患者即使不能用手指点,也可用牙咬住一根小棍指点,或用眼睛注视画板上所需的东西。也可以由志愿者事先对一系列需求信息进行组织,每次提出一个问题,如"要喝水吗"或"要到外面去吗",语言困难者用预先商定好的信号作答,如以点头或握拳表示同意,摇头或伸开手掌表示不同意。对方听不懂问话时,志愿者可用卡片提问,或利用简单明了的手势动作符号进行沟通,如用手做拿杯子喝水的动作、擦汗的动作,语言困难者也能看懂。

8. 志愿者在帮扶残疾人的过程中,与他们逐渐熟悉起来,并且成为好朋友。对他们的一些无意识的不良习惯要学会善意提醒,这也体现了尊重。

例如一些下肢残疾程度较重的朋友,如果过于坚持不用拐杖或轮椅,而不得不十分费力地行走时,不仅面临艰难与痛苦,还会造成身体的损伤,随着年龄增加,残疾也会加重。志愿者可建议他们使用拐杖或轮椅,一是为了保护残肢,避免过度负重;二是举止上也显得更加文雅,更容易获得别人的接受。

为肢体残疾人服务 第三章

交流画板

卧下	穿衣	刷牙	假牙	饭	蔬菜	桌子	电视	钟	扑克	寄信	医生
起床	上衣	洗脸	洗澡	菜	水果	椅子	收音机	录像机	象棋	理发	护士
厕所	裤子	刮胡子	开窗	汤	鸡	柜	风扇	开灯	骨牌	手杖	
便盆	背心 裤衩	梳头	关窗	茶	鸭	纸 笔	冰箱	关灯	麻将	轮椅	
尿壶	鞋袜	化妆	开门	冷饮	鱼	书	电话			小汽车	
	帽子	眼镜	关门	面包 饼干	肉		弹琴				

天气

时间

汉语拼音字母表
A B C D E F G H I J
K L M N O P Q R S T
U V W X Y Z

《中国病人家庭康复图解》
缪鸿石主编 1990.8

115

如果三名以上的残疾朋友为了方便聊天，希望志愿者将轮椅并排行驶，志愿者应善意提醒和阻止，以免妨碍其他车辆或行人的正常行走。最好纵列行驶，轮椅之间应间隔一辆轮椅的距离。

对于穿短上衣或蝙蝠衫类的衣服架双拐的朋友，可以建议他们选择稍长、面料软些的外衣，以避免衣服被双拐撑上去而显得不雅观，也可建议坐轮椅的朋友穿长裙或较肥大的长裤等。

二、正确使用轮椅

下肢残疾程度较重的残疾朋友可能需要轮椅代步。常见的生活轮椅，其动力部分是由两个滑行的车轮和驱动轮共同组成的，其他主要部分包括前支撑小轮、轮椅架、座靠、脚踏板、车闸及后推把手。作为志愿者，要知道轮椅的这些主要部件及其主要功能，掌握轮椅助行的方法。

1. **平稳推车**。当肢残朋友稳坐车中需要前进时，两米内不应有障碍物。纵列轮椅之间也要保持间距两米以上。（曾经多次发生这种问题，志愿者推着轮椅纵列行进时，因为间隔不够，临时停车不及时，后面轮椅铲伤前面志愿者的小腿和足跟。）推车人两眼要始终注视前方，双手握住把手，身体与地面垂直，手臂自然弯曲于腰的两侧，依靠腿的力量，通过两手使车平稳地向前移动。推车人前进时的步子距离要尽量相等，不宜过大，匀速行进，不能急停急起，要让坐车人感到舒适和安全。当需要停车时，首先放慢速度，用语言告知坐车人，再慢慢停下，切忌急停。停稳后两腿并立，保持好起动的姿态。

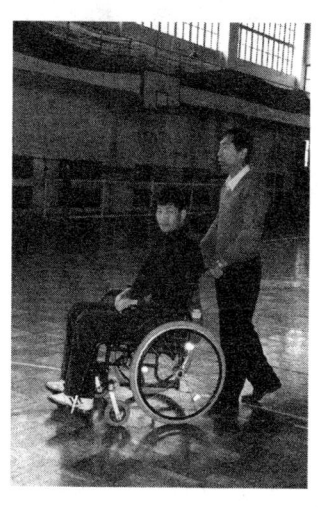
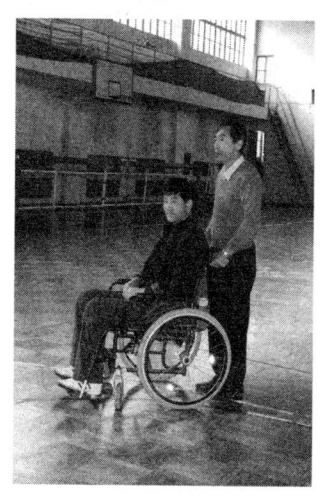

2. **行进中转弯和进入较小的门。**行进中要按我国的习惯靠右行进，当接近人群或需要转弯时，应给予提示并减速。左转时，左手轻拉住车把手，右手慢推，弧形调整方向，然后继续行进动作，右转时方向相反。不要原地两手前后扭动。

在通过安检门和较小通道时，身体始终保持走在车后中间的位置，平稳行进，不可回头和左右张望，用眼睛余光测好间距即可顺利通过。

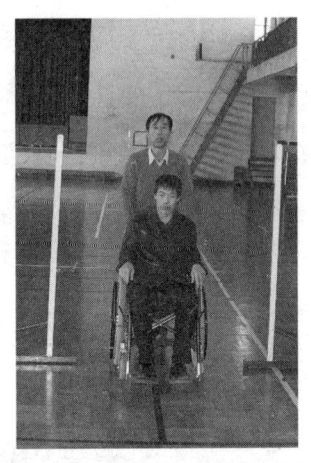
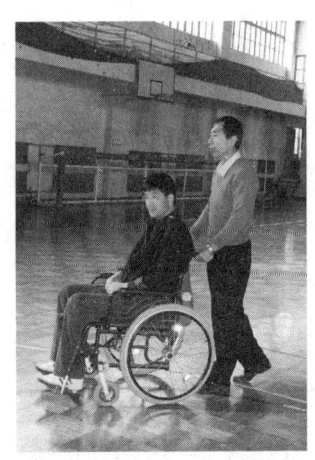

3. 上坡、下坡和通过道路障碍。上坡时，蹬地的腿要平稳，慢用力，两臂保持屈位，手握车把手，身体微向前倾。切记两臂不得伸直，两腿不要大步向前迈，身体重心不能向前靠在两手上，以免滑倒和蹬空，不要突然加速发力，要始终保持身体与车把手的正常姿态，与车一同前进。

下坡时手臂弯曲，不要再往前加力蹬腿，身体略后仰，双手控制车的前冲速度，保持平稳行进。当遇到较大坡度时（一般指超过15度），特别是对残疾较重的朋友，应尽量采用倒车下坡，缓慢倒退滑行，一定要控制车速，保证乘车人的安全。

我国道路一般为无障碍通道，但在室外道路上行进时也可能会遇到减速墩。过这类小的障碍物时，应首先提示乘车人，通过障碍时两臂后压，使前支撑小轮先通过，然后稍加力向上，不加速地向前推，即可较顺利通过，切忌用力向前冲。

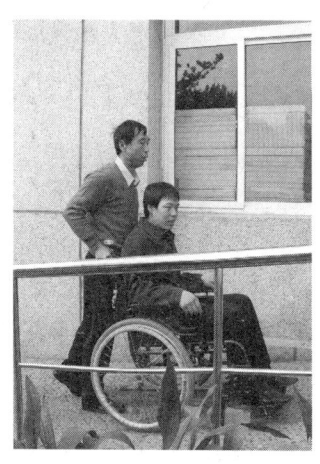
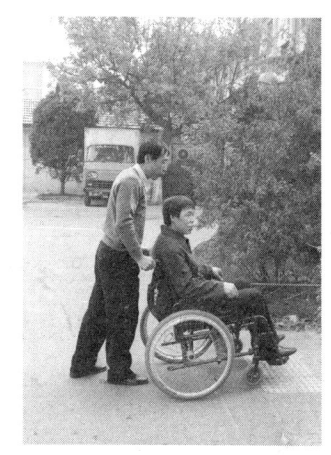

4. **上下汽车、乘电梯**。乘坐无障碍专用汽车时，先提示乘车人，然后推车人身体靠紧轮椅向前推动，同时两手稍下压，使前小轮先上踏板或升降板，前推行进。人与车同速进入车厢，并转向进入停车的区域。然后协助乘车人将轮椅用车上的安全带固定好，下好手闸。下车前，车停稳后打开安全带，推车人双手持稳车把，采用倒推的方法，将轮椅平稳推下车。如遇几辆轮椅同乘一辆车时，一定要预先排好次序，第一辆轮椅安全到位后，第二辆再开始推。

乘坐电梯时，先目测电梯门

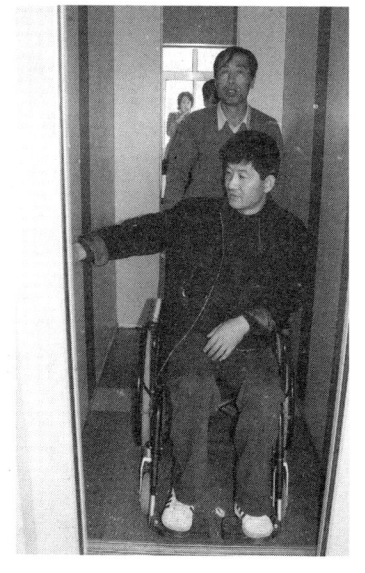

的宽度、长度，用窄通道后退推车的方法倒着进入电梯厢，正着推出；进出要慢，以便轮椅乘坐者看清自己要到达的楼层，并按下电梯指示钮。当两辆车同乘电梯时，同样注意先后顺序，先下的后上。乘自动电梯时，注意防止电梯门夹车。

5. **辅助乘坐和离开轮椅**。当残疾朋友需要乘坐轮椅时，应在征得本人意见后，将轮椅推到最佳的位置，一般有侧并排位置和斜前方位置两种，这样，坐车人通过手臂支撑就可以较顺利地转移到轮椅上。当残疾朋友需要离开乘坐的轮椅或换乘轮椅时，应当首先把车停放在坐车人满意的最近位置，提示或帮助他下车。如坐车人可以自主离开轮椅，推车人要帮着扶稳车，因为这时候大部分肢残朋友要用手臂支撑在轮椅上以帮助身体移动，所以保持轮椅的稳定是极为重要的。

6. **更换轮椅**。

单人帮助法。主要针对乘坐轮椅的人有一定能力，但无法完全自主地更换车辆，首先要把轮椅调整到需要换乘的轮椅侧前方，然后将现在坐的轮椅下闸，走近乘车人，让乘车人单或双臂搭在自己的肩上，重心前移，头靠在自己与车相反的一面，使帮助人可以侧头看到要换乘的轮椅。然后借助乘车人的前驱力，抱住其腰部，然后转体将乘车人移至要换乘的轮椅中，再协助调整好姿势。在移动过程中，帮助人应注意贴近换车人，一起一放要准确，转移时两腿要平稳移动，如乘车人体重较高,应采用双人帮助法。

双人帮助法。在车位调整好时,车与人距离一般比单人帮助的位置远,两个人在换车人的左右,换车人两臂打开,搭在两人的肩部,两人外侧手拉住换车人手,里侧手向下在乘车人臀下拉手,同时向上抬,将乘车人换至需要乘坐的轮椅上。在换车时要注意乘车人必须是前驱位,移动时两人要靠近乘车人,同向、同步、同时地平稳移动,完成换车的动作。

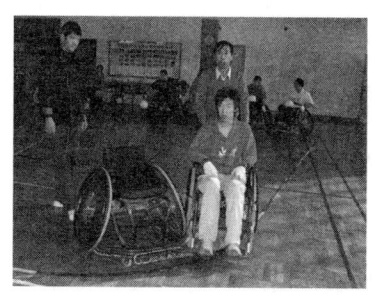
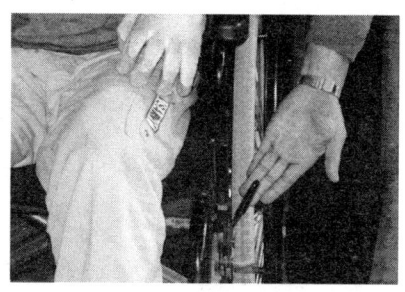
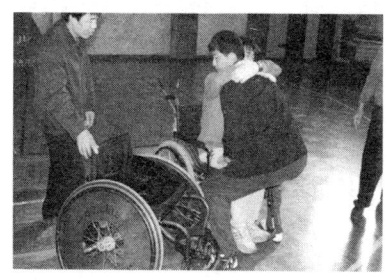

平行移动的方法。先将两车置于平行位,把生活用车下闸。一人在后,双手通过乘车人的臂下抱住其胸部;另一人在前,双手抱住其大腿上部,两人眼一同看向另一车位,一起抱起乘车人侧向平移至另一车中。

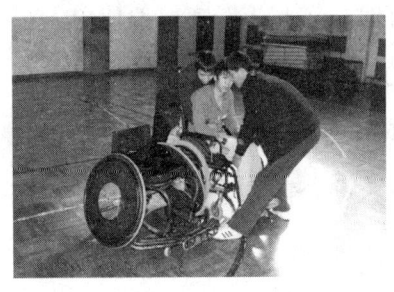 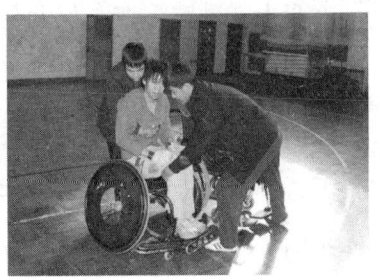

帮重度残疾人更换车辆时,要注意在整个操作过程中,残疾人始终保持前驱位,不要在背后拉拽。因为他们行动不便。帮助的人要贴近乘车人,眼睛要注意更换车的位置,同时要掌握借助乘车人前驱力量而移动的技巧。

7. 常见错误案例:

①目测距离不够。乘坐轮椅的人在出入门时,由于推车人没经验,不减速,轮椅的右脚蹬板碰到门框底部导致急停,受惯性影响车子右转,乘车人亦向前移动,腰部被撞击。由此可见,推车人应始终保持正确的推姿,并从门的正中央减速通过,人多时也应减速,并提示他人让路。

②上坡时推车人滑倒。有些坡道上坡的距离较长,约20米,由于推车人双臂伸直,身体远离车位,两脚大步后蹬时如果一脚蹬滑,就会导致车子后滑,造成事故。因此,上坡时一定要人车一体,缓慢行进。

错误的上下坡推车动作

③**坐电梯时正向推车进入**。正向推车进入电梯厢后，坐轮椅人难以按到指示钮，到达后由于是后退而出，出来时不能及时看清外面的情况，容易与其他乘梯人相碰，造成不愉快。

④**行驶间距不足**。某次大型活动中，有十余位残疾朋友乘坐轮椅，由志愿者负责推车进会场，成一列纵队进入大厅。因为后面的轮椅急于跟上前面的步伐，间隔距离严重不足，几乎所有跟进轮椅的前脚踏板都有触碰前面推车志愿者小腿或者足跟的现象，甚至有人被碰出血。

⑤**过度热情**。一个坐轮椅的脑瘫成年人自行驱动轮椅在路上行进，他要到前面的路边报亭去买一份报纸。轮椅行至马路的镶边石旁，他调整了一下轮椅的位置，面对台阶，正准备上去。这时，一个健全的青年人看见了，便走过来，站在轮椅后面，两手握住轮椅扶手，一使劲，轮椅推上了台阶。坐在轮椅上的人刚反应过来，接连发出"哦哦哦"如同呻吟一样的声

音，眼神充满愤怒，一幅很不高兴的样子。这位青年人纳闷了，原以为做了一件好事，轮椅上坐着的人一定会感谢他。谁知事与愿违。

这里涉及帮助肢体残疾人时要特别注意的方式方法：一定要先征得他们的同意，再进行具体的帮助。语言困难者可以用商定好的信号作答，如以点头表示同意，摇头表示不同意。因为所有人都有自尊心，残疾人也一样，他们不喜欢甚至反感别人的怜悯。如果不事先征得同意，一上去就帮忙，可能激怒他们，反而会陷入尴尬局面。肢体残疾人能自己做的事情，一定要让他们自己做。如果只因为他们身体不方便就为他们事先做好一切，反而会伤害他们作为一个人的独立性和自由意志，也等于是在蔑视他们本来具有的自理能力。

第四章　为智力残疾人服务

通常人们会认为智力残疾人是一群智力低下、什么都不懂、什么都不会做的人，而实际上，他们的能力远远超出了我们的想象，更重要的是他们的权利与尊严我们必须尊重。只要社会给予他们更多理解、更多关爱、更多帮助，他们就能够像我们一样享受生活、享受家庭，和我们共享社会成果，成为社会大家庭中的一员。

第一节　什么是智力残疾

智力残疾人是特殊群体，由于心智功能的限制，他们在思维、语言、人际交往、社会适应等很多方面与普通人存在较大的差异。因此，需要对他们提供间歇、有限、全面、广泛的支持和服务，而且这种支持与服务也许将会伴随他们一生。

一、智力残疾人为什么需要支持服务

由于智力功能限制，智力残疾人的智力水平显著低于平均水平，社会适应能力明显低于一般人，智力残疾人包括在智力

发育期间（18岁以前）由于各种有害因素导致精神发育不全或智力迟滞的儿童及青少年，也包括智力发育成熟以后由于各种原因造成智力损伤或智力明显减退的成年人及老年人。

智力残疾会造成多方面的影响，智力功能限制对不同的个体及其不同发展阶段的影响是存在差异的，下面我们按人生发展阶段将智力限制对人的影响做一个简要的归纳。

（一）对儿童及青少年的影响

智力残疾的儿童和青少年像普通孩子一样，正处在发展的关键期，适应社会和接受教育是他们这一阶段的主要任务，也就是生涯发展任务，但是智力残疾还会导致他们与其他孩子不一样的问题。

1. 对认知功能的影响

认知功能是儿童与青少年适应社会与接受教育所应具备的基本能力，也是有效学习的基本要求。智力残疾对儿童及青少年认知功能的影响主要表现在以下方面：

第一，智力残疾儿童和青少年记忆力较差，老师刚教会的字，转身就会忘记。

第二，智力残疾儿童和青少年学习速度缓慢，学习新知识和新技能的速度低于健全儿童。比如学习认识一种动物，健全儿童看过一遍可能就认识了，而智力残疾儿童可能需要花更多的时间才能认识。

第三,智力残疾儿童和青少年的注意力不够集中,容易将注意力分散在无关的事物上,并且不能持续关注。因此他们在学习过程中,不能把注意力集中在教师布置的学习任务上,非常容易被与学习内容不相关的事物所吸引。

第四,智力残疾儿童和青少年对知识的迁移存在困难。知识迁移能力是不断学习和掌握新知识的基本能力,智力残疾儿童普遍存在困难。比如认识小数点,在课堂上可能掌握了,也会读与写,但是到了超市却不认识价签上带有小数点的价钱。

第五,智力残疾儿童和青少年缺少求知欲。在学习时,会明显地表现出对什么问题都没兴趣,老师常常使出浑身解数也不能激发起他们的学习动机。

2. 对适应行为的影响

适应行为是一个人参与社会生活能力的综合体现,也是一个人社会化程度的标志。智力残疾对智力残疾儿童适应行为的影响主要体现在以下方面:

第一,智力残疾儿童和青少年的生活自理能力较低。有的儿童生活不能自理,他们经常在吃饭、穿衣、个人卫生等方面需要得到支持。

第二,智力残疾儿童和青少年社会交往能力较差。由于智力残疾的限制,他们在与人交往过程中经常会使用不恰当的语言，或者表现出不恰当的行为，或者与交谈对象岔开话题等等。

第三，智力残疾儿童和青少年可能会有一些行为不合时宜，比如对他喜欢的人，他会突然走上前进行拥抱等。

虽然智力残疾儿童和青少年在适应行为方面存在许多问题，但是他们身上也还有许多值得普通儿童学习的优秀品质。比如，对老师交给的工作极其负责，在人际交往中表现很真诚，对自己喜欢的特奥运动项目执着追求，坚韧不拔等。

(二) 智力残疾人的成年生活

成年人是指18周岁以上、具有完全民事行为能力的公民，他们不仅享有公民应有的权利，还要承担公民应尽的义务，同时要参与社会活动，共享社会生活。智力残疾使得成年智力残疾人在适应社会、参与社会活动的过程中遇到诸多困难，他们需要得到一定程度的支持才能适应社会生活。

1. 对独立生活的影响

独立生活是成人生活的重要标志。具有独立生活能力以及与之相适应的日常行为，是成年人适应社会、参与社会生活的基本要求。智力残疾对成年智残人日常行为的影响主要体现在以下方面：

第一，成年智力残疾人缺乏自我保护意识。对于生活中的突发事件，像地震、交通事故、家中煤气泄漏、突发疾病等意外情况往往感觉迟钝，甚至没有意识。而且容易上当受骗、被拐卖等。

第二，成年智力残疾人不能很好地处理恋爱与婚姻问题。虽然他们智力有残疾，但是生理发展正常，像普通人一样，有谈恋爱、组成家庭的渴望和需要。可是智力残疾使得他们不懂得采取合理的行为与做法来处理恋爱与婚姻问题，家长也会因为智力残疾问题而对此采取回避的态度。

第三，与人交往过程中缺乏主动和积极交往的意识。不懂得交往的礼仪和用语，或者缺乏交往的意识，因此经常处于孤独当中，没有朋友，交往最多的就是家里人。

2. 对就业的影响

就业是成年人生活的核心问题。只有实现就业才能获得经济上的独立，最终真正实现独立生活。智力残疾人在就业方面存在问题，他们具有就业的潜力，但是需要经过恰当的职业训练。在就业过程中也需要得到周围同事的支持和协助。支持协助时应注意以下的问题：

第一，安全问题。为了保证他们在安全的环境中工作，需要有针对性地对他们进行安全教育。

第二，体能问题。智力残疾人在就业时必须具备适当的体能。不同的工作条件与环境体能要求也不同。户外工作需要更强的体能和运动能力，室内工作对此要求相对低一些。

第三，认知问题，任何一个职业或工作都需要一定的知识储备和基本能力。比如任何一项工作都要具备基本的文化和数字方面的能力。

第四，人际协调问题。在工作中需要与其他同事相处和相互协助，处理工作中的人际交往问题等。

第五，行为情绪问题。比如有效地控制自己的情绪和行为状态，严格遵守工作规范，体现良好的工作风貌。

二、智力残疾人需要哪些方面的支持服务

智力残疾人由于智力功能受损，导致认知功能和适应功能方面的诸多问题，不管是儿童、青少年或成年人，智力残疾往往是不可逆转的。因此，如果要帮助智力残疾人实现自我照顾和生活独立，为社会做贡献，一般需要多方面、多角度的服务，在服务的过程中，应该依据《中华人民共和国宪法》、《未成年人保护法》、《残疾人保障法》、《残疾人权利公约》中的有关条文。智力残疾人一般需要以下方面的服务：

（一）智力残疾儿童和青少年需要的服务

智力残疾儿童和青少年像健全的儿童和青少年一样，正值生长发育阶段，需要家人和社会给予更多的关注和照顾。帮助他们在德、智、体等方面全面发展，把他们培养成为能够适应社会、能够自我照顾、能够自食其力的劳动者。

1. 为智力残疾儿童和青少年服务的基本原则。注重智力

残疾儿童和青少年的合法权益的实现，同时还应确保他们作为人的尊严能够得到尊重。在帮助智力残疾儿童和青少年时还要注重帮助的方式与方法，要适合儿童和青少年的生理与心理特点，在服务过程中应注重服务与保护相结合。

2. 为智力残疾儿童和青少年服务的主要领域。包括人身安全和财产等权益的保障，父母或监护人对智力残疾儿童和青少年尽抚养和教育培养义务的保障，接受教育和得到适宜教育权利的保障，参与社会活动和隐私权的保障，康复治疗权益的保障。对智力残疾儿童和青少年的服务，更多地在于使他们接受义务教育和适应性行为的培养，主要包括运动、感知、认知、语言、生活自理、社会适应等六大领域的康复训练。

（二）成年智力残疾人需要的服务

成年人应该能够自己照顾自己并能独立生活，不仅拥有一定的社会权利，还要承担一定的社会义务。但是智力障碍以及社会环境的限制，使得很多成年智力残疾人很难独立生活，还需要社会及家人给予更多的帮助，共同努力使他们真正成为独立、平等地参与社会活动的公民。

1. 为成年智力残疾人服务的基本原则。应注重保障成年智力残疾人的合法权益，同时还应尊重他们的人权和公民的自由权利以及人格尊严不受侵犯。在帮助成年智力残疾人时，还要注重保障他们能够平等就业和接受职业技能的培训，能够平等地得到社会的保障。

2. 为成年智力残疾人服务的主要内容。包括作为成年人应该具备的生活技能的掌握，公民人身安全的保障，公民人权的保障及人格尊严的保障，平等地参与劳动就业和同工同酬的保障，婚姻及家庭生活的保障，无劳动能力成年智力残疾人的保障，参与社会活动和隐私权的保障，康复治疗权益的保障，特别是成年女性智力残疾人权利的保障。对成年智力残疾人的服务更多地在于帮助、支持他们自强自立、独立生活，保持一定的生活质量等与生存有关的服务，主要包括生活自理能力训练、简单劳动技能训练、适应社会生活能力训练以及有偿托管、生活护理等服务。

第二节　与智力残疾人交往的礼仪

人际交往是个体间通过语言、文字或肢体动作、表情等手段进行信息传递及情感表达的过程。智力残疾人由于智力功能的损伤，导致在人际交往的手段和过程中存在许多问题，需要志愿者加以注意。合理、有效的交往方式，将会有助于增进对智力残疾人的理解，有助于帮助智力残疾人更好地融入社会。

一、智力残疾人与人交往方面的主要问题

（一）没有交往的愿望。智力残疾人由于智力障碍或者长期封闭式生活状态的影响，经常表现为没有交往的欲望，不喜欢与他人沟通与交流，或者是对与其沟通者的表达没有任何反应。

（二）对交往的信息不理解。智力残疾影响了对语言或人际沟通的认知。因此，智力残疾人在与人交往的过程中，经常表现出对交往信息的不理解，或者交往的信息缺乏一致性，或者对与之沟通者的表达听而不闻、视而不见。

（三）交往的方式方法不恰当。智力功能的损伤影响了对行为的理性控制，因此，在与智力残疾人交往过程中，他们可能会表现出不恰当的交往行为，比如你与他谈论比较严肃的问题，他可能因为不理解而哈哈大笑，或者交谈时到处乱走、四处张望等。

（四）不懂得交往的礼仪。智力残疾人由于智力功能损伤、生活范围的限制或者家庭教育的欠缺，有可能不懂得如何与人沟通与交往，不能理解人与人之间的关系或者自己所承担的社会角色。

二、与智力残疾人交往时需要注意的问题

（一）观念要正确。观念在这里是指对智力残疾人形成的

各种认识，树立正确对待智力残疾人的观念，将有助于智力残疾人更好地融入社会，有助于创造和谐的人际关系。智力残疾人在残疾人中属于比较弱势、最容易被歧视的群体，因此在与智力残疾人交往的过程中，应尊重他们作为人的独立与自由的权利，不能因为智力残疾而对他们有任何的蔑视、不尊重。长远来看，社会大众的接受和理解将会降低智力残疾人在社会中受限制的状况。

（二）态度要合理。态度在这里是指人们对智力残疾人在各种认识的基础上形成的相对具有主观性的价值判断，合理的态度将有助于提高对智力残疾人的情感包容，有助于理解和接受智力残疾人的差异性。对待智力残疾人态度的改善，需要长期与智力残疾人进行接触了解，需要不断加强残疾人知识的学习，需要提高自身助人为乐的道德意识。对智力残疾人有合理的态度，将会提高整个社会的接纳程度，使更多的智力残疾人走出家庭，融入社会生活。

（三）行为要恰当。是指人们在对智力残疾人所持有的观念与态度基础上所表现出来的举止与行动，恰当的行为会增进与智力残疾人之间的积极情感，有助于为智力残疾人的人际交往做出示范与榜样。对智力残疾人行为的恰当，需要加强对智力残疾人的了解，熟悉他们的个性特征，了解他们的心理需求。

1. 说话要简单，要使用具有正面意义、直白的话语交谈，有必要时说慢一些,并作重复。

2. 尝试请智残人重复谈话要点,以确保他们理解交谈的内容。

3. 可用身体语言表达或加强沟通。

4. 不要让智力残疾人猜测事情。

5. 耐心聆听智力残疾人说话,一方面有助于理解其说话的内容,同时也会使对方感受到被尊重,加深彼此的了解、信任及亲密程度。

6. 当要求智力残疾人讲话或回答问题时,应尽量给予足够的时间,切勿催促,让对方有充足时间思考和组织要回答的问题。尤其在从一项活动转换到另一项时,更需要给予他们足够的时间来适应。

7. 对智力残疾人的正面行为给予适当的鼓励及赞赏,这样不仅会使他们有成就感及满足感,同时也会引导他们对正面行为作正确认识。

8. 称呼智力残疾人时,坚决不能用"傻子"、"傻帽"、"蠢猪"等歧视性、侮辱性词语。

第三节 为智力残疾人服务的内容

智力残疾主要影响人的认知功能和适应性行为以及日常生

活能力，这些功能是一个人应该具有的基本能力。一个人不管是否是残疾人，最终都将成为一个社会人，一个能适应社会，并能在社会中生存的人，同时还能为社会服务并做出贡献。因此，我们在帮助智力残疾人时，不仅要注重改善智力残疾人个体的生理功能和心理水平，更应该注重培养他们作为一个社会人应该具有的基本能力。

一、智力残疾人所需的主要服务类型

（一）咨询服务

咨询服务是指向智力残疾人及其家属提供解决问题的帮助。主要包括智力残疾等级的鉴定、残疾人证的取得、教育、婚姻、生活、就业、福利待遇等问题。

（二）训练服务

训练服务是指向智力残疾人提供能力和技能技巧培训的帮助。主要包括认知功能训练、行为训练、生活自理能力训练、适应性行为训练、劳动能力训练等等。

（三）转介服务

转介服务是指向智力残疾人提供更加适合个人需求的帮助。主要包括医疗转介、教育转介、康复转介、职业转介等。

二、各种服务的基本要求

（一）咨询服务的基本要求

咨询服务以解决智力残疾人的实际问题为主要目标，因此该项服务的基本要求是判断问题是什么，并找出解决问题的途径与方法。具体包括：

1. 智力残疾等级的鉴定：要了解智力残疾的分级，如何对智力残疾进行鉴定，哪些机构有资质对智力残疾进行鉴定。

2. 残疾人证的取得：经过正规机构的鉴定后，如何去申请残疾人证，在哪里可以办理残疾人证。

3. 教育问题：了解适龄智力残疾儿童的入学规定，可以去哪里就学，可以获得哪些资助等。

4. 婚姻与生活问题：了解智力残疾人的婚姻与家庭生活有哪些法律保障，如何获得婚姻与生活问题的帮助。

5. 就业问题：了解智力残疾人就业技能培训的要求与规定，可以在哪里获得培训，可以去哪里就业等问题。

6. 福利待遇问题：了解国家与地方对智力残疾人的福利待遇有什么，如何获得等。

（二）训练服务的基本要求

训练服务以改善和提高智力残疾人的能力为目标，因此基本要求是能对智力残疾人实施训练，并判断训练的效果。

具体为：

1. 认知功能训练：需要了解认知功能的基本理论，如何对智力残疾人的认知功能进行评估、训练及评定，还要知道如何针对智力残疾人的实际情况制定认知功能训练方案。

2. 行为训练：需要了解行为问题的基本理论，如何对智力残疾人的行为问题进行评估、训练及评定，还要知道如何针对智力残疾人的实际情况制定行为问题训练方案。

3. 生活自理能力训练：需要了解生活自理能力对智力残疾人的重要意义，包括哪些基本的生活自理能力，如何评估、训练、制定训练方案和进行能力评定。

4. 劳动能力训练：需要了解劳动能力对智力残疾人的重要意义，可以训练他们哪些基本的劳动能力，如何评估、训练、制定训练方案及能力评定。

（三）转介服务的基本要求

转介服务以满足智力残疾人的个性化需求为目标，因此基本要求是能判断出智力残疾人的个性化需求是什么，相应的接收渠道在哪里，具体要求为：

1. 医疗转介：能够帮助智力残疾人识别一些基本的、常见的医疗问题及临床表现，培训智力残疾人常见疾病的自我护理能力。如果是已婚者，还要包括生育和看护子女等问题。

2. 教育转介：能够评估智力残疾人的智力水平，发现教育方面存在的问题，了解他们可以到哪些教育机构接受教育培养。

3. 康复转介：能够评估智力残疾人的基本康复需求及辅具配置需求，判断出是需要单一领域的康复还是全面的康复，可以去哪里进行康复训练等。

4. 职业转介：能够判断出智力残疾人的职业需求及意向，识别出智力残疾人已经具备的基本职业能力，能够向智力残疾人介绍培训机构和进行基本的就业指导。

第四节　为智力残疾人提供支持

志愿助残服务应当为智力残疾人提供持续有效的支持。

一、什么是支持

支持就是调动资源来有效地帮助残疾人。用支持的观点来看，我们的生活环境中有十分丰富的资源，我们将物质资源统称为"硬"资源，将政策法规、策略与方法、信息与关系等统称为"软"资源。支持的关键在于适当运用这些资源来提升智力残疾人的生活质量。

我们之所以将资源划分成为"软"、"硬"资源，主要是为了强调志愿者要善于应用"软"资源来为智力残疾朋友提供有效的支持。

二、如何提供支持

志愿者要有效地利用资源帮助残疾人,应做到以下几点:

第一,将当事人看成主体,支持者只是协助者。这是提供支持的核心问题。摆正这个基本关系,是提供有效支持的关键。支持就是协助。如果二者颠倒,支持的关系就不存在了。志愿者要主动将自己放在协助者的次要位置上,让当事人成为实实在在的主人翁。在以往的助残志愿工作中最常见的错误就是"越俎代庖",志愿者过度地去"帮助"残疾人,支持者替代了当事人,支持就不再是"支持"了。

第二,尽力将当事者"顶"到常态的生活水准上,这是关乎生活质量标准的大事。在支持的理念中,残疾人应该与周边生活的其他人具有同样的生活质量标准。而生活质量的标准最现实的意义就是让残疾人过上和健全人一样的生活。由于残疾人存在生活障碍,他们要过上平常的日子,需要旁人将他们往上"顶一顶"(提供支持)。

第三,如何让支持适度,是支持的又一个关键。我们将此称为支持程度。适度的支持就是提供"足量的最少的"支持。"足量"的含义是将残疾人尽力"顶"到常态生活所需要的量,"最少"的含义是恰好"顶"到常态需要的力度,支持的量不宜过多,要恰到好处。在支持的过程中以使"巧劲"为最佳。

我们可以应用支持量表来衡量支持的程度。

第四,有效的支持表现为支持程度递减。支持是一个"递增"和"递减"的动态过程。刚开始提供支持时,我们不断探索如何适度增强支持力度,将残疾人渐渐地推到"过平常日子"的状态,这时,支持程度达到一个相对稳定的动态平衡。如果支持是有效的,就会逐渐过渡到支持递减。这种情况表明,保持当事人的生活水准不变,更多是依靠他自身的力量,于是支持会呈现递减的状态。

三、支持系统的应用

(一)建立支持系统

为了有效、持续地提供支持,应该建立一个支持系统。

1. 支持的分类:根据支持的性质,可分为社会支持、自然支持和专业支持三类。社会支持是指意识理念、法规政策和经费方面的支持,自然支持是指日常生活中非专业的合理便利,专业支持是指有学科专业背景的支持,如物理治疗、作业治疗、语言治疗、心理辅导与治疗和社会工作等。

2. 支持系统的构建:我们将上述三种支持合理配置,建立一个"社会支持优先、自然支持为主体,专业支持为后援"的支持系统。为实施有效、持续的支持创建条件。

3. 支持系统应用的原则:上述支持系统为我们提供了一个

运用支持的基本原则。这个原则就是：理念先行，大量利用支持提供合理便利，有效运用专业支持。这是我们长期运用支持系统后总结出来的、在中国城乡均可贯彻的原则，也是我们在志愿者行动中应该遵行的有效原则。

（二）支持的维度

志愿者在为智力残疾人提供支持的时候，可以从以下四个方面来入手：

1. 情感支持。首先，保持接纳的态度是情感支持的最佳策略。以平常心对待残疾人，把残疾朋友看成平常人，是对他们最大的接纳和尊重。第二，用积极的情感影响残疾人，以情养情是培养情感的有效途径。用积极向上的情感来感染当事人的情绪，让他们感受到生活的积极面，培养正向的情感，这是情感支持的有效途径和方法。第三，提升挫折容忍度是情感支持的重要措施，许多残疾人和他们的家庭因为面对残疾产生挫折，如果能从挫折感中走出来，以后再遇到困难，他们就有很强的"抗打击"能力，不会轻易地输掉了。因此如何帮助残疾人和他们的家庭面对挫折积极适应，将是情感支持的重要内容。

2. 信息支持。首先，要为残疾人及其家庭提供科学、正确、有效的信息。由于残疾人及其家庭在相关信息方面的来源有限，往往对残疾状态应对错误，导致康复和生活方式不能达到最佳状态。因此，给这样的个人和家庭提供信息支持十分重要。有效的信息应当是科学的、实用的，因此，有关信息应该来自本领域的专业人士。第二，残疾人家长之间的信息支持最有效，他们对彼此的境况感同身受，最有说服力，而且可以信息交流，分析共享。第三，志愿者服务的时候最好专业对口，用自己的专业知识和技能为残疾人及其家庭服务。第四，志愿者应该学习助残知识与技能，也可以求助专业人士来获得相关专业信息。安排残疾人家长之间的活动，为他们交流信息和心得创造机会和条件。

3. 关系支持。关系支持是指利用公共关系或将个人关系公共化的过程。我们志愿者参与残疾人支持服务，正是在利用公共关系，在我们生活、工作的环境中有许多公共关系可以用于残疾人的支持服务。例如我们自己或许就有许多社会角色，与其他人建立起公共关系，在行业中有许多同道，行政领导有许多上下级和周边关系等。正如我们将自己的钱捐献出去一样，我们也可以将个人关系和优势转化为公共关系。例如，当我知道我的朋友具有某种个人能力和优势时，可以邀请朋友来参加志愿者活动，贡献自己的专长。这种方式可以构建一个庞大的为残疾人服务的关系网。

4. 资源支持。关系的背后隐藏着巨大的资源。当我们将关系资源运用到一定程度的时候，我们就能积累许多资源用来帮助残疾人及其家庭。其中，最重要的资源是自然支持和合理便利，这是蕴藏在我们周围最大的资源库。有专业人士进行过统计，对残疾人的支持服务，60%以上是自然支持和合理便利。因此在志愿者服务中应用自然支持是主要的方法。我们也需要建立专业资源库来解决具有挑战性的障碍和难点。有的志愿者本人就是专业人士，拥有十分丰富的专业经验和资源，可以用于专业支持。还有的志愿者具有物质资源或其他资源，所有这些都可以通过合法程序，应用于残疾人支持系统的建设与运转。

第五章 为精神残疾人服务

第一节 什么是精神残疾

各类精神障碍持续一年以上未痊愈，存在认知、情感和行为障碍，影响日常生活和活动参与的状况，称为精神残疾。

2012年10月26日经全国人大常委会通过的《精神卫生法》（2013年5月1日起正式实施）规定，今后对于精神疾病的诊断、治疗、精神残疾的鉴定，都必须严格按照相关法律执行。所以精神残疾的鉴定和等级划分，要在经专业机构诊断为精神疾病一年后，再次确诊精神疾病未痊愈的前提下才能进行。

一、精神残疾的原因

（1）精神分裂症

（2）情感性、反应性精神障碍

（3）脑器质性与躯体疾病所致的精神障碍

（4）精神活性物质所致的精神障碍

（5）儿童、少年期精神障碍

（6）其他精神障碍

二、精神残疾的等级和表现

精神残疾一级：适应行为严重障碍，生活完全不能自理，忽视自己生理、心理的基本要求。不与人交往，无法从事工作，不能学习新事物。需要环境提供全面、广泛的支持，生活长期、全部需他人监护。

精神残疾二级：适应行为重度障碍，生活大部分不能自理，基本不与人交往，只与照顾者简单交往。能理解照顾者简单的指令，有一定学习能力。在监护下能从事简单劳动。能表达自己的基本需求，偶尔被动参与社交活动，需要环境提供广泛的支持，大部分生活仍需他人照料。

精神残疾三级：适应行为中度障碍，生活上不能完全自理，可以与人进行简单交流，能表达自己的情感。能独立从事简单劳动，能学习新事物，但学习能力明显比一般人差。被动参与社交活动，偶尔能主动参与社交活动；需要环境提供部分支持，即对支持服务的需求是经常性、短时间，部分生活需由他人照料。

精神残疾四级：适应行为轻度障碍，生活上基本自理，但自理能力比一般人差，有时会不注意个人卫生。能与人交往，能表达自己的情感,体会他人情感的能力较差。能从事一般的工作,学习新事物的能力比一般人稍差。偶尔需要环境提供支持,一般情况下生活不需要由他人照料。

三、常见的精神残疾障碍

1. 孤独症

孤独症至今病因未明,基本临床特征是:社会交往障碍、言语发育障碍、兴趣范围狭窄以及刻板单一的行为方式。

社会交往障碍。婴儿期即患有孤独症的患儿表现为回避目光,对人的声音缺少兴趣,没有期待被抱起的姿势或被抱起时全身松软、身体僵硬或不愿与人贴近。在儿童早期,患儿会回避目光接触,对呼唤常无反应,对父母不依恋,缺乏与其他儿童在一起或一起玩的兴趣,甚至可能主动回避。在儿童中期,患儿对父母可能产生依恋,但大多数患儿对集体游戏仍缺乏兴趣,不能建立伙伴关系。随着患儿的进一步成长,患儿对父母、同胞可能变得友好而有感情,但仍明显缺乏与人主动交往的兴趣和行为。病情较轻的患儿可能出现对友谊的渴望,但因为对社交常识缺乏理解,常会做出一些违背常识的事情,从而阻碍友谊的建立和发展。成年后,患儿仍缺乏社交技能,难以建立恋爱关系和结婚。

交流障碍。孤独症患儿通常以哭、尖叫或拉着大人手走向想要的东西来表示他们的需要。常常不会点头、摇头或做适当的手势，表情常显淡漠。我们称之为"非言语交流障碍"。

孤独症患儿的言语理解不同程度受损，言语发育也存在障碍。患儿通常说话晚，有些患儿2至3岁前有表达性言语，但之后逐渐减少，甚至消失，有些患儿终生无言语。患儿在言语形式、内容上也存在异常，常存在模仿言语（即刻板或延迟刻板重复言语，或自我刺激言语），语法结构和人称代词常常错用，语调、语速、节律、重音等方面也存在异常。虽然部分患儿有言语，但言语运用能力常受损，也不会主动与人交谈，不会提出或维持话题，交谈时常依靠刻板重复的短语，只会反复纠缠同一话题，不注视交谈对象，也不在意对方的反应。我们称之为"言语交流障碍"。

不寻常的行为模式。孤独症患儿刻板地要求日常生活保持常规，如物品的摆放位置、行走的路线等一成不变，如发生细微变化即会拒绝、烦躁不安。兴趣也较狭窄，并且存在不寻常的兴趣和非同一般的游戏方式，如沉迷于看旋转的物品，玩汽车总是倒过来转轮子玩等。对一些古怪的物品可能产生强烈的依恋。患儿常常会出现一些刻板重复的动作及奇特怪异的行为，如重复蹦跳，将手放在胸前凝视，或将手放在头、胸前扑动等，并可能持续地关注物体的某些非主要特性，如去闻不该闻的物品或反复地触摸光滑的物体。有的患儿痛觉迟钝，有的患儿对某些频率的声音特别敏感。

智能和认知障碍。孤独症患儿中约有50%的孩子智商低于50，约25%智商为50～69，约25%智商高于或等于70。患儿能力发展不平衡，音乐、机械记忆、计算能力相对较强。

其他表现。孤独症患儿的情感表达可能平淡、过分或不适当，情绪经常不稳定。幼儿期活动常常明显过多，青少年时期以后倾向于活动过少。约1/3至1/4患儿合并癫痫。

目前，对孤独症缺乏有效的药物和干预方法，但是通过早期干预、持续干预、科学干预，患儿的社会功能可以获得巨大发展，给孩子及其家庭带来希望和幸福。

2. 精神分裂症

该障碍临床症状多种多样，十分复杂，并在不同类型和不同临床阶段均有较大差异，这里仅介绍精神分裂症最常见的特征性精神症状。

感知觉障碍：精神分裂症患者在早期可能表现出特殊的躯体不适感、头部重压感、脑内屏障感、体内液体流动感等异样的精神症状，有的病人可能出现对时间、空间、距离、大小等的感知觉异常，如对距离的远近、物体的大小以及个体的变化等的感知觉异常。更具特征性的是幻觉，尤其是命令性幻听、评论性幻听等。

思维障碍：包括内容障碍，如妄想和超价观念；思维联想障碍,如思维松弛、思维破裂、思维中断、思维云集(或强制性思维);思维逻辑障碍,如象征性思维、语词新作和诡辩性思维等。

情感活动障碍:多数精神分裂症的患者可能表现为情感反应迟钝,情感活动和心境不协调,不能运用细腻的情感关心亲人,对周围事物和环境缺乏兴趣。少数病人的情感活动受到比较严重的损害,临床表现为情感淡漠或情感倒错。

意志行为障碍:部分患者在疾病早期表现为适应能力降低,社交活动减少。随着疾病的发展,多数患者在幻觉、妄想和言语运动性兴奋症状的支配下,行为活动过度增强。但在慢性期的病人往往会出现社会行为的减少和社交能力的退缩。

其他常见的特征性精神症状:思维被洞悉(或内心被揭露感)、被控制体验等。

3. 酒与药物依赖

在目前的精神病学分类体系中被统一命名为"精神活性物质所致的精神障碍",所谓精神活性物质是指来自体外的可显著影响精神活动的各种物质。一般包括以下几类:

酒精,主要指酒类饮料,包括啤酒、果酒和蒸馏酒(白酒)。

鸦片类物质,有合法与非法两类。非法鸦片类物质包括鸦片、海洛因;合法物质主要在医疗中用以镇痛、麻醉、止咳，如哌替啶冷丁、吗啡、喷他佐辛、芬太尼、阿法罗定、可待因等。

大麻类镇静催眠剂，包括巴比妥类及安定类药物、可卡因。

酒与药物依赖会导致各种精神症状，与精神分裂症很类似，如幻听等，这里不再赘述。

4. 老年痴呆

分为阿尔兹海默病和血管性痴呆。阿尔兹海默病起病潜隐，慢性进行性病程，临床表现为持续性进行性记忆减退和智力减退等认知障碍，伴有言语、视空间功能障碍，人格改变及情感障碍。早期可能仅有记忆困难和轻度健忘，病人还保持一定的社交能力。当环境改变或遇到精神打击后，症状才明朗化。早期表现为近事遗忘和性格改变，再进一步发展会出现理解、判断、计算及智能的全面下降，导致不能工作或做家务，丢三落四，随做随忘，长时记忆力也受损。视空间功能也同记忆力一样受损，如在熟悉的环境中迷路，出门找不到家，有的患者可伴有被窃妄想、被害妄想、嫉妒妄想等精神病性症状。

病况进一步发展会导致人格改变，刚开始时患者主动性不足，活动减少，感到孤独，对新环境难以适应。之后兴趣范围越来越窄，对人冷漠，对亲人也漠不关心，易被激怒。进而缺乏羞耻感，不注意卫生，甚至有违法行为。睡眠障碍也是伴随症状之一，晚上出现睡眠倒错，到处乱走，乱翻东西，喊叫。白天则萎靡不振，瞌睡打盹。

血管性痴呆。血管性痴呆指由脑血管障碍引起的，以痴呆为主要临床表现的疾病。早期表现为脑衰弱综合征：头痛、头沉、眩晕、站立时头晕，出现非旋转性眩晕、肢体麻木、失眠、耳鸣、心悸、注意力不能集中、情绪不稳、情感脆弱、记忆力下降等。由于脑血管障碍的部位不同，可有多种感觉或运动障碍，较突出的有假性延髓性麻痹、构音障碍、吞咽困难、面瘫、失语、肢体活动障碍、癫痫大发作及大小便失禁等。有的可出现短暂脑缺血，也可伴有意识障碍或精神症状。

痴呆症状出现的早期患者有自知力，为记忆力下降着急、求治，并采取补救措施，如使用备忘录等。随着记忆力下降，智力也会下降，但生活自理能力、理解判断能力及人格可保持相当长时间。随着脑血管病的反复发作，痴呆呈阶梯样加重，最终成为严重痴呆。

5. 情感性精神障碍

抑郁心境：是抑郁障碍的特征性症状（约占90%以上），情感基调低沉、悲伤、绝望，觉得生活没有意思，没有精神，高兴不起来。病人终日忧心忡忡，度日如年，痛苦难熬。在抑郁心境下可出现焦虑、激越症状。病人表情紧张、坐立不安、惶惶不可终日。有的病人则表现出明显的易激惹性。

兴趣减退：病人不能体验乐趣，兴趣索然，活动减少，体验不到感情，变得麻木等。

精力下降：主观感到精力不足、疲乏无力，日常活动逐渐变得被动。以后越来越无精打采，衣着小事都感到费劲，丧失主动性和积极性。

自我评价低：病人过分贬低自己，总用批判的眼光和消极否定的态度看待自己的现在、过去和将来。把自己说得一无是处，缺乏价值感，或有强烈的内疚和自责。此时，可出现罪恶妄想、贫穷妄想、疑病妄想和虚无妄想。

精神运动性迟滞：是抑郁症的典型症状之一。病人的整个精神活动呈显著、持久、普遍的抑制状态。注意力集中困难，记忆力减退，脑子迟钝，思路闭塞，联想困难。言语减少、音调低沉，行走动作缓慢。

自杀想法和行为：抑郁症患者的自杀率比一般人群高20倍，自杀是抑郁症最危险的症状，应提高警惕。自杀时连同其亲友（多为伴侣或小孩）一起死于非命者称为扩大自杀，在日本可见成双自杀或双亲与小孩扩大自杀。我国扩大自杀者较罕见。

昼夜节律：病人心境有昼重夜轻的变化，是抑郁症的典型症状。发生率约为50%。

躯体或生物学症状、情绪反应总会伴有机体的某些变化，如口干、便秘、消化不良、胃肠功能减弱等。睡眠障碍也很常见，主要表现为早醒。疾病早期即可出现性欲减退，男性阳痿，女性闭经等。此外还有恶心、呕吐、心慌、憋气、出汗、胸闷等，严重者可达到疑病妄想程度。

躁狂状态：躁狂状态的临床症状主要是心境高涨、思维奔逸和精神运动性兴奋。其病可急可缓，以急性起病较多。

心境高涨：病人感受到愉快，乐观，持久的喜悦，自我感觉极好，好像从没有如此幸福、健康过，精神从没有如此旺盛过。病人兴高采烈，欢欣若狂。情感生动、鲜明、持久，而且与内心体验相一致，故具有感染性，常博得周围人共鸣。但有时情绪反应不稳定，表现出明显的易激惹性，难以控制自己的行为。

思维奔逸：病人联想过程明显加快，概念一个接着一个产生，呈明显言语运动性兴奋，高谈阔论，滔滔不绝，别人没有插话余地。病人主观感到自己脑子"非常灵活"、"变聪明了"，注意力随境转移，可出现观念飘忽和音联、意联，内容多具有幻想性，不荒谬也不十分坚信。

精神运动性兴奋：病人主动热情，好管闲事，喜欢热闹场面。要求多，意见也多。终日忙忙碌碌，片刻不停，表现特别活跃，但往往做事有头无尾，不能善始善终。有的病人行为轻浮，好接近异性。病人终日兴奋，睡眠很少，但面无倦容，精力显得异常充沛。

神经症：神经症是最常见的一类精神障碍。神经症在精神科门诊、心理咨询和心理治疗门诊中很常见，在综合医院的门诊中也很常见。神经症可表现为不同的精神症状，如：抑郁、烦躁、紧张、焦虑、强迫、疑病等，也可表现为不同的躯体症状（躯体或器官的功能性障碍），还可表现为行为及个性特征方面的问题。

焦虑症：是以焦虑症状为主要临床表现的神经症。神经症性焦虑是没有明确客观对象或具体内容的紧张、害怕、恐惧及不安的情绪，不受特定的外部环境影响。焦虑症患者的焦虑情绪为原发症状，而非继发于其他精神症状。

强迫症：又称强迫性神经症，是以强迫症状为主要临床表现的一类神经症。强迫症状包括强迫思维和强迫行为（强迫动作或仪式）。强迫思维是指以刻板形式在头脑中反复出现的观念、表象或冲动。强迫动作或仪式是指反复出现的刻板行为。

恐惧症：又称恐惧性神经症或恐惧性焦虑障碍，恐惧症状是其主要临床表现。患者对某些客体、处境或在与人交往时产生强烈的恐惧，虽然所害怕的对象并不危险，但患者仍极力回避，以缓解紧张、恐惧情绪。

第二篇 志愿助残知识与技能

第二节 精神残疾人的服务需求

孤独症儿童需要药物治疗与教育训练和行为治疗相结合，儿童多动症需要在药物治疗的同时配合认知行为治疗、特殊教育和父母训练。其他精神残疾人的需求总的来说就是"治好病、防复发、回归社会"这三部分。

一、精神残疾人的主要需求

精神残疾人的主要需求是社会理解与接纳需求、医疗康复需求、教育需求、就业需求以及社会保障需求。

（一）精神残疾人首先需要科学、正规、系统的医学治疗。精神病人的病情越重，就越不承认自己有病，越坚决地拒绝接受治疗，这是精神病的特殊性决定的，也给病人的康复带来巨大的困难。这时，患者家属的作用就显得至关重要，他们是医生与患者之间的桥梁。例如有些需要坚持长期服药的病症，特别是精神分裂症（其药物治疗时间一般为第一次发作后至少维持1至2年，第二次发作后至少维持5年，复发2次以上维持5年以上甚至终身）。

（二）在医学治疗的同时需要进行功能康复，包括：生活技能训练、文娱治疗、社交技能训练、作业治疗等。特别是精神残疾人在病愈出院之后，如果闲散在家，无所事事，生活不规律，情绪不稳定，社会交往减少，职业技能减退，还可能因无力适应激烈的社会竞争碰壁而归，甚至诱使病情复发。非常需要过渡性康复机构的帮助，比如过渡性医院设施、过渡性居住设施、过渡性就业设施和过渡性娱乐设施等，可以使患者在不完全脱离治疗和护理的情况下，逐渐适应社会生活，在生活自理能力、人际交往能力、学习能力等方面进行康复。

一些训练可以在家庭中进行，不一定需要建设较大的机构，训练服务主要由社会工作者或康复指导人员提供，内容包括：自我照顾、家居管理、基本急救及危机处理、健康管理、按时复诊及服药习惯、社区生活技能等。

（三）就业渠道。可以先参加辅助性就业，即安排精神残疾人在一个公开环境下就业，并可以得到持续的辅助服务，享受一般工作应得的利益，如工资及职业保障。可以安排过渡性就业、模拟小型生意、合同工作等，直至他们能够正常就业。

（四）社会支持。如社会环境的优化，经济的支持，法律援助，文化服务等。

精神疾病给患者本人、家庭和社会都带来了痛苦，全社会都要理解和尊重精神残疾人的权利与尊严，不能视他们为另类，拒绝他们参与社会生活。要积极关注精神残疾人问题，良好的社会环境是解决精神残疾人问题的首要条件。

精神残疾是典型的"因贫致病"和"因病致贫"模式。由于重性精神疾病均会不同程度导致社会功能减退，其贫困带有普遍性。目前，我国各地都有一定的精神疾病医疗救助政策，一般由民政部门、残联和卫生部门提供，用于补助部分精神疾病患者医疗自负费用。

另外法律援助、文化助残等也应列为对精神残疾人的社会保障。

二、精神残疾人亲友的主要需求

精神残疾人亲友是一个承受着沉重压力的群体，邓朴方主席曾经讲过，"最为痛苦的群体就是残疾人的亲友"。无助与绝望一直伴随着他们，非常需要社会的理解与尊重。同时他们也需要了解相关信息与知识，掌握相关专业技能，需要喘息服务与入户支持，完善的社会保障，心理支持与援助等。志愿者恰恰可以提供这些方面的服务。

第三节　与精神残疾人交往的礼仪

一、消除误解和偏见

许多精神疾病至今尚未探明病因，不能直接看见、听到、摸到，亦难用仪器或准确的化验来确定，因此精神疾病往往给人一种神秘感，不易被认识而延误治疗。尽管医学界作了很大的努力，但人们仍然不能像对心脏病人、糖尿病人等那样正确对待精神疾病、精神病人，普遍存在严重的偏见。在科学不发达的过去，人们认为这不是一种疾病，而是装神弄鬼、鬼神附体，是思想问题，是邪恶的，不但不给予积极的治疗，反而采取惩治手段来对待病人。患者和家属都不愿承认有精神病，也不敢到专科医院去求治，怕受到歧视或遭人耻笑。随着医学的发展，人类社会的文明进步，上述情况已有很大的改善，但仍有不少人存有这种偏见。这种偏见是错误的，是对科学无知的表现。只有首先消除这种误解、偏见，才能谈得上与精神残疾人实现交流。

二、日常接触的注意事项

总体上说，与精神残疾人打交道，也一定要恪守尊重的原则，消除恐惧、焦虑，保持良好而稳定的心态。

1. 初次接触精神残疾人时，要积极构建良好的关系。比如要主动介绍自己，并要用正常的目光看待，不要表现出恐惧、惊讶、躲避，不要惧怕与他们眼神接触。积极关注他们，主动沟通，对他们提出的问题和主动行为，给予及时的回应，逐渐让他们关注你，建立良好的关系，才能走进他们的内心世界，并取得信任。

2. 耐心与理解。要有爱心、热心、耐心，尽量多了解精神残疾人需要什么、他们具有的能力是什么，这样才容易交流。

3. 要真情投入。与这类残疾人交流，可以从爱好入手，比如爱漂亮，就谈化妆、保养等。在语气上要亲切、亲近，彬彬有礼，同时要注意耐心倾听，显示自己的诚意。注意称呼得体，绝对不能用"神经病"、"精神病"等词语来刺激他（她）。不能随便取笑甚至侮辱他们。

4. 对难于交流的精神残疾人可以找精防医生咨询。

5. 不要对精神残疾人抱有偏见，认为他们会打人、骂人，不敢与其交往。绝大多数精神残疾人是不具有暴力倾向的。

6. 在谈话时要集中精力听其倾诉，不要有无关的动作或表现得心不在焉，这样他们可能会对你失去信任，不再与你深谈。

7. 不要以为精神残疾人所说的都是幻觉，不把他们说的话当回事。比如谈话中一发现精神残疾人所谈的事比较荒谬离奇，就马上对他说"这是幻听，是不存在的"，会让对方感觉自己不被理解。

8. 不要因为精神病人谈话经常偏离主题，内容荒谬离奇，且交流速度慢等就拒绝与其交流，使其产生不被尊重感、无能感、无助感。

9. 在交流时，注意观察精神残疾人的非语言性行为。如皱眉、惊奇地看,这表示他不明白你的观点或你的观点使他惊奇。如果他回避你的视线,说明他感觉不自然、紧张。

10. 对于他们不合理或者不实际的要求,要保持客观的态度,不要简单生硬地予以拒绝或否定。

第四节　怎样为精神残疾人服务

帮助精神残疾人及其家庭,不但需要爱心和耐心,更需要具备相关的专业知识。从人性角度看,一些精神残疾人被称为世界上最纯真的人是有道理的。可以说,能很好地认识并与精神残疾人相处,对志愿者而言既是巨大的挑战,也会对自身成长有所帮助。与精神残疾人相处,你会思考人性的本质,你会重新认识自己、亲人和我们这个社会,无形中增添更多智慧和能量。

一、关注支持精神残疾人

志愿者为精神残疾人服务,需要了解医疗服务措施、医疗服务形式,掌握获得医疗服务的途径和方法。需要了解当地精神残疾人贫困救助的种类,掌握精神残疾人获取贫困救助的条件、途径和方法等。了解当地精神残疾康复设施、机构及其分布情况,了解精神残疾康复机构的服务对象,掌握精神残疾人获得康复服务的条件、途径和方法。掌握精神残疾人居家训练服务的内容、方法和步骤，可以直接为精神残疾人提供居家服务。了解当地可以提供给精神残疾人辅助性就业的单位、适应对象和工种，帮助精神残疾人寻找到适合的辅助性就业岗位，同时继续跟进支持辅导，鼓励精神残疾人坚持就业直至完全公开就业。掌握和了解一定的法律知识，了解当地精神残疾人法律援助的资源，了解为精神残疾人寻求法律援助的途径和方法。掌握和了解当地适合精神残疾人的教育、文化、体育、艺术等设施，引导精神残疾人参与教育培训和文化生活，如参加成人教育、书法、绘画、体育和其他艺术活动或比赛。

还要掌握以下技巧：

（一）创建结构化环境

一些精神残疾人对环境的变化、复杂化等具有天然的恐惧心理，他们喜欢相对固定、简单的环境。在室内要根据他们的功能和特点，设置相应环境，在活动前要预设好流程，并与他们商量，让他们心中有数。这样就可以尽量避免引发他们的不良情绪和行为。

（二）找到并熟悉精神残疾人的正面强化物

强化物是残疾人喜欢的，或能引起他们兴趣并有利于建立或保持良好情绪与行为的事物。一些精神残疾人（如孤独症患者）的特点就是兴趣狭窄、固化，喜欢的东西不多，而且基本固定不变。所以，发现并熟悉强化物，是保持残疾人注意力、建立良好行为、消除不良情绪和行为的关键。要与残疾人的亲友、老师、医生充分沟通，他们更清楚残疾人的强化物和习惯，同时也可以通过观察和互动，发现、培养残疾人的兴趣，逐渐找到具体强化物。

（三）正确理解各类精神残疾人的行为及情绪特征

正确、全面了解精神残疾人，全身心地接纳他们是相处的基础。一些精神残疾人无法准确表达自己的需求和情绪，往往只能通过行为来观察，如果我们不理解其行为背后的意义，就无法与他们相处。要循序渐进地安排活动，不能简单地下命令或提要求，语言要具体、生动、简洁，切忌强硬要求和限制他们的行动，要注意尽量减少他们的挫折感。

（四）帮助他们融入社会

精神残疾人的最大问题是社会功能缺失，当今社会融合、全纳是一以贯之的理念，尽量与同伴接触，尽量与社区融入就是对他们最好的帮助。可以设置相关活动，让他们充分融入其中。如通过社会故事，帮助他们认识自身的社会角色，也可以带他们去超市、坐车、游玩，恢复社会功能，让他们在活动中提升沟通的技巧。

二、关注支持精神残疾人亲友

一些精神残疾是终身障碍，亲友是最直接的支持力量，承受的压力也最大，精神残疾人亲友是最需要关爱和支持的群体。帮助他们，既要着眼于具体的需求，又要着眼于促进其家庭的发展，既要推动社会支持体系的构建，又要给予具体的关爱。

（一）保持同理心，给予充分理解与尊重

精神残疾人永远是亲友的关注焦点，所以对残疾人给予尊重和帮助，也是对亲友最大的帮助。亲友长期面对残疾人，常人无法理解其中的感受，志愿者要站在亲友的角度，尽量理解和感受他们的内心世界，不能抱着施舍的心理，否则会使他们受到更大的伤害。

（二）积极鼓励，真诚沟通与陪伴

许多研究表明，精神残疾人亲友是心理问题的高发群体，面对亲友的抱怨、焦虑和内心不安，志愿者要鼓励他们把需求表达出来，倾听他们的心声。一方面与他们一起想办法解决问题，另一方面要传递正能量，鼓励他们发现自己的潜力和社会资源，相信残疾人的潜力和发展。

（三）与残疾人及其亲友建立互动关系

精神残疾人的未来永远是亲友的牵挂，亲友的关注点和兴趣基本锁定在残疾人身上，导致许多家庭生活逐渐封闭起来。所以志愿者既要理解并帮助亲友解决实际问题，也要引导亲友安排好自身角色，积极投入社会活动，防止亲友自身的社会功能退化。志愿者可通过活动与残疾人及其亲友建立互动关系，引导他们融入社会,增强社会功能。

(四)给亲友"喘息"机会

精神残疾人与亲友在一起的时间最长,时刻需要帮助与干预,亲友需要强大的内心能量,很多人身心疲惫。如果在周末、节假日或残疾人亲友身体不舒服的时候,能把残疾人暂时带离亲友身边,去商场、去车站、进社区,让残疾人在有同伴、积极和融合的环境下学着融入社会,不但能给亲友宝贵的喘息机会,也是对残疾人社会功能最好的促进。

三、专业志愿者可提供的帮助

(一)日常活动训练

日常活动训练包括:按时起床、洗漱、洗衣服、修剪指甲、按时吃药等。

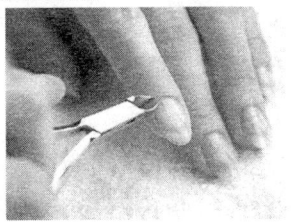

（二）家庭生活技能训练

开展家庭生活技能训练，为残疾人安排适当的劳动，如布置房间、打扫卫生、洗碗做饭等，改善其懒散行为，促进劳动能力的恢复。

（三）适当的体育锻炼和娱乐活动

残疾人每天应进行适当的体育锻炼和娱乐活动，如听音乐、打扑克、跑步、打乒乓球、打羽毛球、做广播操等。

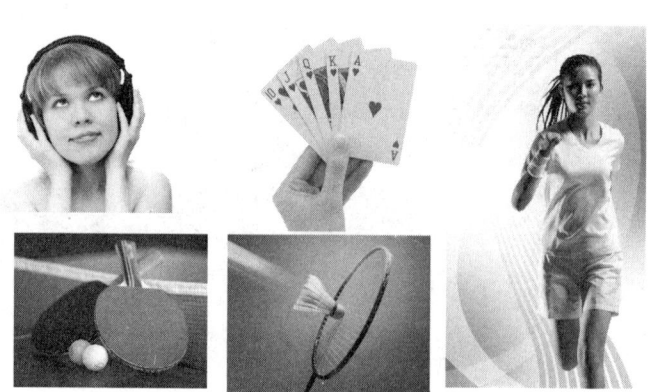

（四）社会交往技能训练

社会交往技能训练，指采用交流、沟通、讲课等方式，针对交往行为进行训练，使精神残疾人学会正确表达意愿，正确做出积极请求和寻求帮助。

（五）帮助精神残疾人建立正确的心理状态

通过倾听、解释、安慰、疏导等，正确评估精神残疾人的心理状态，帮助患者分析自己的长处和优点，并给予其肯定、鼓励和支持。

（六）循序渐进的康复或功能训练

康复或功能训练不能急于求成，应由易到难，由简单到复杂，针对患者的主要表现症状，由简单的生活料理到社会功能训练，逐渐提高训练难度。如：按时起床、洗漱，按时吃药，整理打扫房间，参加体育锻炼和开展社会交往技能训练。

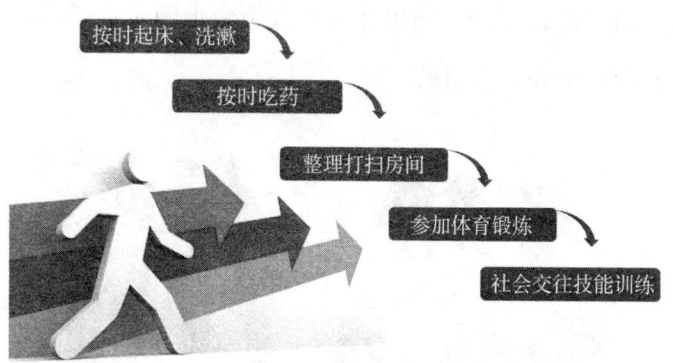

医务志愿者：可提供医疗服务咨询，帮助精神残疾人获得医疗服务；可提供康复咨询，帮助精神残疾人获得适合的康复服务；

民政、残联志愿者：可提供福利保障咨询，帮助精神残疾人获得贫困救助；

家政志愿者：可帮助精神残疾人获得居家服务；

就业指导志愿者：可提供就业咨询，帮助精神残疾人获取各类就业资讯，帮助精神残疾人应聘适合的岗位；

法律援助志愿者：可提供法律咨询和法律援助；

文化教育志愿者：可根据各自的特长，为精神残疾人提供文化、体育、艺术、教育等咨询和教学指导服务。

第六章　为多重残疾人服务

多重残疾人是指同时存在视力残疾、听力残疾、言语残疾、肢体残疾、智力残疾、精神残疾中的两种或两种以上残疾的人。

多重残疾人的残疾等级，按所属残疾中残疾程度最重类别的分级确定。

志愿者为多重残疾人服务时，要有高尚的情怀、服务奉献的意识、平等尊重的态度。根据多重残疾人的具体情况，参照前面所介绍的为各类残疾人服务的技能、技术和理念，给予"观念正确、态度合理、行为恰当"的支持。

第三篇

附 录

附录一　主要的残疾人节日

为促进全社会对残疾人问题的关注，推进实现残疾人"平等、参与、共享"的目标，人们选择一些特定的时间节点作为残疾人的节日，掀起宣传高潮，动员社会关心、关注残疾人。特别是借助组织志愿者服务或者各项活动，深入宣传新观念，从而促进全社会正确看待残疾人和"残疾现象"，正确为残疾人提供服务与支持，提升文明意识，也使社会更加和谐。

残疾人的主要节日有：

3月3日，全国爱耳日

1998年3月，在政协第九届全国委员会第一次会议上，社会福利组15名委员针对我国耳聋发病率高、数量多、危害大、预防薄弱这一现实，提出了《关于建议确立爱耳日宣传活动》的第2330号提案，这一提案引起了有关部门的高度重视。

1999年，国务院残疾人工作协调委员会所属的全国残疾人康复工作办公室正式确定我国将开展"爱耳日"活动，并将其列入1999年度工作计划。而后，中国残疾人联合会、卫生部、教育部、民政部、中华全国妇女联合会、国家计划生育委员会、国家质量技术监督局、国家药品监督管理局、国家广播电影电视总局、中国老龄协会等十个部门共同确定每年的3月3日为全国"爱耳日"，2000年3月，首次全国"爱耳日"座谈会在北京人民大会堂举行。

2014年3月3日被世界卫生组织设为第一个"国际爱耳日"。

4月2日，世界自闭症日

2007年12月，联合国大会通过决议：将每年的4月2日定为"世界自闭症日"，以提高人们对自闭症和相关研究与诊断以及自闭症患者的关注。

"自闭症"的概念由美国约翰斯·霍普金斯大学专家莱奥·坎纳于1943年首次提出。"自闭症"又叫"孤独症"，是一个尚未被全社会知道、了解的病症。自闭症患者的容貌与健全人没有区别。儿童自闭症是一类以严重孤独、缺乏情感反应、语言发育障碍、刻板重复动作和对环境奇特的反应为特征的精神疾病。自闭症的症状一般在3岁以前就会表现出来,主要特征是漠视情感、拒绝交流、语言发育迟滞、行为重复刻板以及活动和兴趣范围的显著局限性。

"世界自闭症日"提醒人类社会:应该实现自闭症患者与健全人之间的相互尊重、相互理解与相互关心。作为健全人,不应把自闭症患者看作怜悯的对象。要把4月2日这一天,作为审视和增强自身道德观念、社会责任的契机。自闭症患者及其家属、学者、专家、医生、护士等直接相关的人员,也应把4月2日作为继续齐心协力战胜疾病的"加油站",使其成为自闭症患者自信、愉快生活的节日。

5月的第三个周日,全国助残日

"全国助残日"是中国残疾人的节日。1990年12月28日通过的《中华人民共和国残疾人保障法》规定:"每年五月第三个星期日,为全国助残日。"《中华人民共和国残疾人保障法》从1991年5月15日开始实施,"全国助残日"活动即从当年开始进行。

每年全国各地都会开展"助残日"活动。每年助残日活动的主题,都是依据当年残疾人事业发展的工作重点确立的。

6月6日,全国爱眼日

1992年9月25日,天津医科大学眼科教授王延华与流行病学教授耿贯一首次倡议设立全国"爱眼日",并在天津召开了全国"爱眼日"第一次研讨会。

这一倡议受到眼科学界和眼科专家们的响应,决定每年5月5日为全国"爱眼日"。1993年5月5日,天津首次举办爱眼日宣传活动。受此影响,从1994年开始,北京、上海、广州等国内大中城市相继在5月5日举办义诊咨询活动,同时宣传爱眼日的意义。

1996年,国家卫生部、国家教育部、团中央、中国残联等12个部委联合发出通知,将"爱眼日"活动列为国家节日之一,并重新确定每年6月6日为全国"爱眼日"。

7月6日,"志愿助残阳光行动"主题日

2010年7月1日,中央文明办、民政部、司法部、解放军总政治部、共青团中央、全国妇联、全国老龄办、中国残联等八部门联合下发《关于加强志愿助残工作的意见》,要求广泛动员社会各界力量,开展形式多样的"志愿助残阳光行动",为残疾人提供志愿服务。7月6日,中央文明办、民政部、中

国残联在武汉市召开全国志愿助残工作会议，启动全国"志愿助残阳光行动"。会议上将每年的7月6日定为"志愿助残阳光行动"主题日，集中开展形式多样、内容丰富的志愿助残活动，营造关心帮助残疾人的良好社会氛围，推动志愿助残理念深入人心。从2011年起，各地已连续四年开展了"志愿助残阳光行动"主题日活动。

8月11日，全国肢残人活动日

2010年，中国肢残人协会五届三次全委会通过《关于设立全国"肢残人活动日"的决议》，决定从2010年起设立全国统一的肢残人活动日，将每年的8月11日定为全国"肢残人活动日"（以数字"8"和"11"象征肢残人轮椅车的两个轮子和两根拐杖）。设立全国统一的肢残人活动日，是全国肢残人的心声和愿望。在肢残人活动日期间，举办各种活动，广泛宣传残疾人事业，展示肢残人自强不息的风采，动员社会各界更多地理解、尊重、关心、帮助残疾人，发展残疾人事业。

9月的第四个周日，国际听力残疾人节

1957年，世界听力残疾人联合会根据欧洲各国听力残疾人

组织的倡议，决定以1958年9月28日为第一个"国际听力残疾人节"，并规定以后每年9月的第四个星期日为"国际听力残疾人节"。

我国于1955年加入世界听力残疾人联合会，1958年8月12日，中华人民共和国内务部、教育部、卫生部、文化部、国家体委、团中央、全国妇联、全国总工会和中国聋哑人福利会等9个单位联合发出通知，要求各地庆祝这一节日。

每年9月的第四个星期日，各地的听力残疾人组织都会以多种形式庆祝"国际听力残疾人节"，如听力残疾人文艺演出、书画展览以及球类、棋类、田径等体育比赛等，这对于活跃听力残疾人生活，促进社会关注、理解、支持残疾人事业，发挥了很好的作用。

10月10日，世界精神卫生日

世界精神卫生日是由世界心理卫生联合会于1992年发起的，经世界卫生组织确定后开始实行。创设世界精神卫生日，旨在提高公众对精神卫生问题的认识，促进对精神疾病进行更公开的讨论，鼓励人们在预防和治疗精神疾病方面进行投资。世界心理卫生联合会结合现实情况和精神卫生的需要，确定每年的活动主题。世界精神卫生日已成为普及精神卫生知识、传播精神卫生理念的重要平台。

10月15日，国际盲人节

1984年，在沙特阿拉伯首都利雅德召开的世界盲人联盟成立大会上，确定每年的10月15日为"国际盲人节（White Cane Safety Day）"，盲人在国际上第一次有了统一的组织和自己的节日。

在这以前，盲人节没有固定的日子，一些欧洲国家的盲人们经常在秋天举行文艺活动，并把这项活动的纪念日称为"白手杖节"。

1989年9月18日，中国残疾人联合会发出通知，要求各地在每年的"国际盲人节"时，由省（市）盲人协会出面，业务部门协助，结合当地情况，举行适当的庆祝活动，以活跃盲人的生活，体现国家和社会对盲人的关怀。

12月3日，国际残疾人日

1992年10月12日至13日，第47届联合国大会举行了自联合国成立以来首次关于残疾人问题的特别会议。10月14日，联合国大会通过第47/3号决议，主要内容是：

(1)请所有会员国和有关组织加强努力,为改善残疾人的状况采取持续而有效的措施;

(2)宣布其后每年12月3日为"国际残疾人日";

(3)敦促各国政府以及全国性、地区性和国际性组织在执行"国际残疾人日"决议中进行充分合作。

以上决议旨在持续提高政府和社会对残疾人的认识,促使各国政府将残疾人事业放在优先地位,采取更有力、更广泛的行动和措施,在"联合国残疾人十年"之后全面实施《关于残疾人的世界行动纲领》,实现"人人共享的社会"这一目标。

"国际残疾人日"的确立,说明在世界范围内,残疾人事业日益引起广泛关注,不同种族的人们都开始形成一个共识:残疾人事业是人道主义的事业,是一项崇高而又光荣的事业,是人类进步和正义的事业。庆祝国际残疾人日给人们提供了一个机会,使其改变对残疾人的态度,并消除影响残疾人充分参与到生活各个方面中来的障碍。

联合国一般会根据一定时期内国际残疾人领域引起关注的重大事件或与残疾人密切相关的问题,选定当年"国际残疾人日"的主题。

附录二 《残疾人残疾分类和分级》国家标准（摘要）

一、残疾分类

按不同残疾分为视力残疾、听力残疾、言语残疾、肢体残疾、智力残疾、精神残疾和多重残疾。

1. 视力残疾

各种原因导致双眼视力低下并且不能矫正或双眼视野缩小，以致影响其日常生活和社会参与。视力残疾包括盲及低视力。

2. 听力残疾

各种原因导致双耳不同程度的永久性听力障碍，听不到或听不清周围环境声及言语声，以致影响其日常生活和社会参与。

3. 言语残疾

各种原因导致的不同程度的言语障碍，经治疗一年以上不愈或病程超过两年，而不能或难以进行正常的言语交流活动，以致影响其日常生活和社会参与。包括：失语、运动性构音障碍、器质性构音障碍、发声障碍、儿童言语发育迟滞、听力障碍所致的言语障碍、口吃等。

注：3 岁以下不定残。

4. 肢体残疾

人体运动系统的结构、功能损伤造成的四肢残缺或四肢、躯干麻痹（瘫痪）、畸形等导致人体运动功能不同程度丧失以及活动受限或参与的局限。

肢体残疾主要包括：

a）上肢或下肢因伤、病或发育异常所致的缺失、畸形或功能障碍；

b）脊柱因伤、病或发育异常所致的畸形或功能障碍；

c）中枢、周围神经因伤、病或发育异常造成躯干或四肢的功能障碍。

5. 智力残疾

智力显著低于一般人水平，并伴有适应行为的障碍。此类残疾是由于神经系统结构、功能障碍，使个体活动和参与受到限制，需要环境提供全面、广泛、有限和间歇的支持。

智力残疾包括在智力发育期间（18 岁之前），由于各种有害因素导致的精神发育不全或智力迟滞；或者智力发育成熟以后，由于各种有害因素导致智力损害或智力明显衰退。

6. 精神残疾

各类精神障碍持续一年以上未痊愈，由于存在认知、情感

《残疾人残疾分类和分级》国家标准（摘要） 附录二

和行为障碍，以致影响其日常生活和社会参与。

7. 多重残疾

同时存在视力残疾、听力残疾、言语残疾、肢体残疾、智力残疾、精神残疾中的两种或两种以上残疾。

二、残疾分级原则

各类残疾按残疾程度分为四级，残疾一级、残疾二级、残疾三级和残疾四级。残疾一级为极重度，残疾二级为重度，残疾三级为中度，残疾四级为轻度。

1. 视力残疾分级

按视力和视野状态分级，其中盲为视力残疾一级和二级，低视力为视力残疾三级和四级。视力残疾均指双眼而言，若双眼视力不同，则以视力较好的一眼为准。如仅有单眼为视力残疾，而另一眼的视力达到或优于 0.3，则不属于视力残疾范畴。视野以注视点为中心，视野半径小于 10 度者，不论其视力如何均属于盲。视力残疾分级见下表。

级别	视力、视野
一级	无光感~< 0.02；或视野半径< 5 度
二级	0.02 ~< 0.05；或视野半径< 10 度
三级	0.05 ~< 0.1
四级	0.1 ~< 0.3

2. 听力残疾分级

听力残疾分级原则是按平均听力损失及听觉系统的结构、功能，活动和参与，环境和支持等因素分级（不配戴助听放大装置）。

注：3岁以内儿童，残疾程度一、二、三级的定为残疾人。

听力残疾一级

听觉系统的结构和功能极重度损伤，较好耳平均听力损失大于90 dB HL，不能依靠听觉进行言语交流，在理解、交流等活动上极重度受限，在参与社会生活方面存在极严重障碍。

听力残疾二级

听觉系统的结构和功能重度损伤，较好耳平均听力损失在（81～90）dB HL之间，在理解和交流等活动上重度受限，在参与社会生活方面存在严重障碍。

听力残疾三级

听觉系统的结构和功能中重度损伤，较好耳平均听力损失在（61～80）dB HL之间，在理解和交流等活动上中度受限，在参与社会生活方面存在中度障碍。

听力残疾四级

听觉系统的结构和功能中度损伤，较好耳平均听力损失在（41～60）dB HL之间，在理解和交流等活动上轻度受限，在参与社会生活方面存在轻度障碍。

《残疾人残疾分类和分级》国家标准(摘要) 附录二

3. 言语残疾分级

言语残疾分级原则按各种言语残疾不同类型的口语表现和程度,脑和发音器官的结构、功能,活动和参与,环境和支持等因素分级。

言语残疾一级

脑和/或发音器官的结构、功能极重度损伤,无任何言语功能或语音清晰度小于等于10%,言语表达能力等级测试未达到一级测试水平,在参与社会生活方面存在极严重障碍。

言语残疾二级

脑和/或发音器官的结构、功能重度损伤,具有一定的发声及言语能力。语音清晰度在11%~25%之间,言语表达能力等级测试未达到二级测试水平,在参与社会生活方面存在严重障碍。

言语残疾三级

脑和/或发音器官的结构、功能中度损伤,可以进行部分言语交流。语音清晰度在26%~45%之间,言语表达能力等级测试未达到三级测试水平,在参与社会生活方面存在中度障碍。

言语残疾四级

脑和/或发音器官的结构、功能轻度损伤,能进行简单会话,但用较长句表达困难。语音清晰度在46%~65%之间,言语表达能力等级测试未达到四级测试水平，在参与社会生活方面存在轻度障碍。

4. 肢体残疾分级

肢体残疾分级原则按人体运动功能丧失、活动受限、参与局限的程度分级（不配戴假肢、矫形器及其他辅助器具）。肢体部位说明如下：

a）全上肢：包括肩关节、肩胛骨；

b）上臂：肘关节和肩关节之间，不包括肩关节，含肘关节；

c）前臂：肘关节和腕关节之间，不包括肘关节，含腕关节；

d）全下肢：包括髋关节、半骨盆；

e）大腿：髋关节和膝关节之间，不包括髋关节，含膝关节；

f）小腿：膝关节和踝关节之间，不包括膝关节，含踝关节；

g）手指全缺失：掌指关节；

h）足趾全缺失：跖趾关节。

肢体残疾一级

不能独立实现日常生活活动，并具备下列状况之一：

a）四肢瘫：四肢运动功能重度丧失；

b）截瘫：双下肢运动功能完全丧失；

c）偏瘫：一侧肢体运动功能完全丧失；

d）单全上肢和双小腿缺失；

《残疾人残疾分类和分级》国家标准(摘要) 附录二

e) 单全下肢和双前臂缺失;

f) 双上臂和单大腿(或单小腿)缺失;

g) 双全上肢或双全下肢缺失;

h) 四肢在手指掌指关节(含)和足跗跖关节(含)以上不同部位缺失;

i) 双上肢功能极重度障碍或三肢功能重度障碍。

肢体残疾二级

基本上不能独立实现日常生活活动,并具备下列状况之一:

a) 偏瘫或截瘫,残肢保留少许功能(不能独立行走);

b) 双上臂或双前臂缺失;

c) 双大腿缺失;

d) 单全上肢和单大腿缺失;

e) 单全下肢和单上臂缺失;

f) 三肢在手指掌指关节(含)和足跗跖关节(含)以上不同部位缺失(一级中的情况除外);

g) 二肢功能重度障碍或三肢功能中度障碍。

肢体残疾三级

能部分独立实现日常生活活动,并具备下列状况之一:

a) 双小腿缺失;

b) 单前臂及其以上缺失;

c) 单大腿及其以上缺失;

d）双手拇指或双手拇指以外其他手指全缺失；

e）二肢在手指掌指关节（含）和足跗跖关节（含）以上不同部位缺失（二级中的情况除外）；

f）一肢功能重度障碍或二肢功能中度障碍。

肢体残疾四级

基本上能独立实现日常生活活动，并具备下列状况之一：

a）单小腿缺失；

b）双下肢不等长，差距大于等于 50 mm；

c）脊柱强（僵）直；

d）脊柱畸形，后凸大于 70 度或侧凸大于 45 度；

e）单手拇指以外其他四指全缺失；

f）单手拇指全缺失；

g）单足跗跖关节以上缺失；

h）双足趾完全缺失或失去功能；

i）侏儒症（身高小于等于 130 cm 的成年人）；

j）一肢功能中度障碍或两肢功能轻度障碍；

k）类似上述的其他肢体功能障碍。

5. 智力残疾分级

按 0～6 岁和 7 岁及以上两个年龄段发育商、智商和适应行为分级。0～6 岁儿童发育商小于 72 的直接按发育商分级，发育商在 72～75 之间的按适应行为分级。7 岁及以上按智商、

《残疾人残疾分类和分级》国家标准（摘要） 附录二

适应行为分级；当两者的分值不在同一级时，按适应行为分级。WHO-DAS Ⅱ分值反映的是18岁及以上各级智力残疾的活动与参与情况。智力残疾分级见表2。

级别	智力发育水平		社会适应能力	
	发育商（DQ）0～6岁	智商（IQ）7岁及以上	适应行为（AB）	WHO-DAS Ⅱ分值 18岁及以上
一级	≤25	<20	极重度	≥116分
二级	26～39	20～34	重度	106～115分
三级	40～54	35～49	中度	96～105分
四级	55～75	50～69	轻度	52～95分

适应行为表现：

极重度——不能与人交流、不能自理、不能参与任何活动、身体移动能力很差；需要环境提供全面的支持，全部生活由他人照料。

重度——与人交往能力差、生活方面很难达到自理、运动能力发展较差；需要环境提供广泛的支持，大部分生活由他人照料。

中度——能以简单的方式与人交流、生活能部分自理、能做简单的家务劳动、能参与一些简单的社会活动；需要环境提供有限的支持，部分生活由他人照料。

轻度——能生活自理、能承担一般的家务劳动或工作、对周围环境有较好的辨别能力、能与人交流和交往、能比较正常地参与社会活动；需要环境提供间歇的支持，一般情况下生活不需要由他人照料。

6. 精神残疾分级

精神残疾分级原则 18 岁及以上的精神障碍患者依据 WHO-DAS Ⅱ 分值和适应行为表现分级，18 岁以下精神障碍患者依据适应行为的表现分级。

精神残疾一级

WHO-DAS Ⅱ 值大于等于 116 分，适应行为极重度障碍；生活完全不能自理，忽视自己的生理、心理的基本要求。不与人交往，无法从事工作，不能学习新事物。需要环境提供全面、广泛的支持，生活长期、全部需他人监护。

精神残疾二级

WHO-DAS Ⅱ 值在 106～115 分之间，适应行为重度障碍；生活大部分不能自理，基本不与人交往，只与照顾者简单交往，能理解照顾者的简单指令，有一定学习能力。监护下能从事简单劳动。能表达自己的基本需求，偶尔被动参与社交活动。需要环境提供广泛的支持，大部分生活仍需他人照料。

精神残疾三级

WHO-DAS Ⅱ 值在 96～105 分之间，适应行为中度障碍；生活上不能完全自理，可以与人进行简单交流，能表达自己的情感。能独立从事简单劳动，能学习新事物，但学习能力明显

《残疾人残疾分类和分级》国家标准(摘要) 附录二

比一般人差。被动参与社交活动,偶尔能主动参与社交活动。需要环境提供部分的支持,即所需要的支持服务是经常性的、短时间的需求,部分生活需由他人照料。

精神残疾四级

WHO-DAS Ⅱ 值在 52～95 分之间,适应行为轻度障碍;生活上基本自理,但自理能力比一般人差,有时忽略个人卫生。能与人交往,能表达自己的情感,体会他人情感的能力较差,能从事一般的工作,学习新事物的能力比一般人稍差。偶尔需要环境提供支持,一般情况下生活不需要由他人照料。

7. 多重残疾分级

按所属残疾中残疾程度最重类别的分级确定其残疾等级。

附录三　中国助残志愿者注册管理办法（试行）

第一章　总则

第一条　为切实加强志愿助残工作，进一步弘扬人道主义思想，传播志愿助残服务理念，提升志愿助残专业化水平，推进志愿助残活动的规范化、制度化发展，制定本办法。

第二条　本办法所称中国助残志愿者（以下简称助残志愿者），是指在残联组织或在残联组织授权的单位注册登记、参加助残服务时间累计达到3小时以上的志愿者。

第三条　助残志愿者参加助残志愿服务活动，不以获得报酬为目的，无私奉献自己的时间、知识、技能、资源和爱心，自愿为残疾人提供服务，并接受残联组织或者志愿助残组织的统一管理。

第二章　招募和注册

第四条　助残志愿者面向社会公开招募。

中国助残志愿者注册管理办法(试行) 附录三

第五条 申请注册成为助残志愿者应当具备以下基本条件:

(一)遵守国家法律法规;

(二)富有爱心和奉献精神,关爱残疾人;

(三)具备参加助残志愿服务所要求的身体条件和服务能力;

(四)遵守注册机构的相关规定;

(五)未成年人参加助残志愿服务,应征得监护人同意。

第六条 以下机构负责助残志愿者注册管理:

(一)县级残联为助残志愿者注册机构,负责助残志愿者的注册管理工作。省级(含副省级)、市级残联根据实际需要,也可开展助残志愿者注册,负责同级党政机关、企事业单位、大中专院校等部门和单位助残志愿者的注册管理工作。

(二)各级残联直属企事业单位、残疾人比较集中的单位,以及其他志愿助残组织,经所在地的县级残联或者同级的省、市级残联授权,可以开展助残志愿者注册管理工作。

第七条 注册为助残志愿者需履行以下程序:

(一)申请人持有效身份证件直接到助残志愿者注册机构(或通过网络等方式)提出申请,填写全国统一格式的《中国助残志愿者注册登记表》(附件1);

(二)注册机构对申请人进行审核;

(三)审核合格,注册机构向申请人颁发"中国助残志愿者证"(附件2)、"中国助残志愿者"胸章(附件3)。

第八条　助残志愿者注册后需领取中国助残志愿者证。中国助残志愿者证是助残志愿者的身份证明，由中国残疾人联合会统一设计样式。

中国助残志愿者证的注册证号编制规则由中国残疾人联合会统一确定。

（一）注册证号由19位数字组成。县级残联所开展的注册证编号方式是：第1～6位数字为注册组织所在地代码，根据《中华人民共和国行政区划代码》确定；第7～14位数字为志愿者出生年月日，第15～19位数字为注册助残志愿者个人代码，一般由所在地的注册机构根据助残志愿者注册的先后顺序确定。市级残联在县级残联的基础上，将第5～6位以0代替；省级残联在县级残联的基础上，将第3～6位以0代替；其余编号同上；

（二）开展志愿助残工作的各级残联直属企事业单位，残疾人比较集中的单位，以及其他志愿助残组织，其注册号段由所在地的县级残联或同级的省级、市级残联根据实际分配；

（三）为便于全国助残志愿者的统一管理，助残志愿者注册后即获得全国统一使用的注册证号。注册证号在助残志愿者证上标明，并记录在助残志愿者本人的注册档案中。每名助残志愿者的注册证号永久使用，因死亡、失踪、丧失民事行为能力、违法、未履行助残志愿服务义务等情况而被取消注册助残志愿者资格的，应当注销其注册证号，被注销的注册证号原则上不再重新使用。因学习、工作、生活等变化需要迁移、调动时，助残志愿者需要办理转出（入）手续，注册证号不变。

第三章 权利和义务

第九条 助残志愿者享有以下权利：

（一）参加助残志愿服务活动；

（二）接受相关的助残志愿服务培训；

（三）获得从事助残志愿服务的必需条件和必要保障；

（四）优先获得助残志愿者组织提供的服务；

（五）对助残志愿服务工作提出意见和建议；

（六）相关法律、法规、政策所赋予的其他权利；

（七）申请取消助残志愿者身份。

第十条 助残志愿者应当履行以下义务：

（一）遵守国家法律法规及注册机构的相关规定；

（二）每名助残志愿者每年参加志愿服务时间累计不少于10小时；

（三）履行助残志愿服务承诺，积极参与助残志愿活动；

（四）自觉维护注册机构和助残志愿者的形象；

（五）自觉维护服务对象的合法权益；

（六）自觉抵制任何以助残志愿者身份从事的营利活动或其他违背社会公德的行为；

（七）履行相关法律法规及注册机构规定的其他义务。

第四章　服务与对接

第十一条　注册机构应明确志愿助残的服务范围和要求：

（一）助残志愿服务范围主要包括：康复医疗、教育培训、就业扶贫、文化生活、体育健身、权益维护、家政服务、出行服务、心理辅导、大型活动等；

（二）助残志愿者参加志愿助残服务，应当通过与注册机构、组织方或服务对象签订志愿助残服务协议书等形式，明确服务内容、时间和有关的权利、义务；

（三）未成年助残志愿者应当参加与其年龄、能力相适应的助残志愿服务。

第十二条　注册机构应为助残志愿者和残疾人提供相应的对接服务。

（一）志愿助残注册机构通过网络、报纸杂志、公告栏等形式向助残志愿者发布残疾人实际需求信息，提供服务岗位，助残志愿者按照相关要求开展助残志愿服务；

（二）鼓励助残志愿者自行联系服务岗位，经所属的注册机构认可后，按照相关规定自行开展助残志愿服务。提倡具有相同服务意向和志趣爱好的助残志愿者在注册机构的指导下结成助残志愿服务团队，独立自主地开展志愿助残服务工作。注册机构应承认其志愿助残服务时间的有效性；

（三）各级残联组织可依托残疾人服务需求相对集中的机构，通过签订协议、命名挂牌等形式创建助残志愿服务基地，探索建立助残志愿者经常性、就近就便开展助残志愿服务的有效机制。

第五章　组织与管理

第十三条　各级残疾人组织应当履行以下职责：

（一）中国残疾人联合会组织联络部负责全国助残志愿者工作的规划、协调、指导和督查；

（二）省级、市级残联根据本地实际制定助残志愿者注册管理实施细则，推动助残志愿活动广泛开展；

（三）县级残联负责开展志愿助残注册和管理工作；

（四）乡级残联、村级残协通过建立志愿助残联络站（点）、志愿助残组织等形式，广泛开展助残志愿者的登记、联络和对接服务等工作；

（五）地方各级残疾人组织应当做好助残志愿者的管理服务工作，逐步建立健全宣传招募、登记注册、服务对接、培训管理、考核评价、激励表彰等长效机制。

第十四条 注册机构应当加强助残志愿者的日常管理。

（一）助残志愿者参加志愿服务后，由服务对象或者志愿助残活动组织方提供助残志愿者的服务时间、服务内容等证明，注册机构予以认定，并在助残志愿者证中注明、盖章。服务时间为实际服务时间（不含往返时间），以小时为计量单位，不满半小时的以半小时计算，满半小时但不满一小时的以一小时计算；

（二）助残志愿者使用全国统一的标识（附件4）。开展志愿服务活动时，助残志愿者应当佩带以全国统一标识为主体图案的标志；

（三）注册机构应当建立健全助残志愿者档案管理系统，逐步实现网上注册和实时管理，促进管理工作的科学规范；

（四）注册机构或志愿助残活动组织方可以在重大活动或者需要的场合组织助残志愿者进行宣誓。助残志愿者誓词为：

我愿意成为一名助残志愿者，弘扬人道主义思想，践行志愿服务精神，不计报酬，尽己所能，为帮助残疾人而奉献爱心和力量！

（五）注册机构负责助残志愿者的培训工作，开展助残志愿服务基本理念和相关技能培训；向助残志愿者骨干提供专业培训，提高助残志愿者的服务能力和综合素质；

（六）注册机构应当落实和保障助残志愿者的有关合法权益。在助残志愿服务活动过程中，由他人给助残志愿者造成伤害和损失，或者助残志愿者给他人造成伤害和损失，按照相关法律法规规定办理；

（七）注册机构负责开展年度审核工作，并做好相关档案记录工作。助残志愿者年度参加志愿服务的时间不满10小时的，或者有拒不履行义务等其他不符合助残志愿者要求的，年度评定为不合格；连续两个年度不合格者，取消其助残志愿者资格，收回其助残志愿者证和助残志愿者胸章；

（八）对于助残志愿者在注册之前参加的助残志愿服务，由各级残联组织或者志愿助残组织予以认定。能够提供有效证明的，服务时间可予以承认，但起始时间不得早于2011年1月1日。

第六章 评价与表彰

第十五条 注册机构依据已认定的志愿者服务时间，实行星级评定制度和表彰奖励制度。

第十六条　注册机构根据助残志愿者注册后参加助残志愿服务的时间累计和贡献，评定其为一至五星助残志愿者，并由相关机构授予助残志愿者星级证书（附件5）。星级助残志愿者应佩戴相应标志（各地自行设计）。

（一）助残志愿者注册后，参加助残志愿服务时间累计达到50小时的，评定为"一星助残志愿者"；

（二）助残志愿者注册后，参加助残志愿服务时间累计达到100小时的，评定为"二星助残志愿者"；

（三）助残志愿者注册后，参加助残志愿服务时间累计达到150小时的，评定为"三星助残志愿者"；

（四）助残志愿者注册后，参加助残志愿服务时间累计达到200小时的，评定为"四星助残志愿者"；

（五）助残志愿者注册后，参加助残志愿服务时间累计达到300小时以上的，评定为"五星助残志愿者"。

星级助残志愿者由中国残疾人联合会授权的相应残联组织审核评定并颁发星级证书。县、市、省级残联分别负责本级（和本级所授权的志愿助残组织）注册的助残志愿者一星至三星的审核评定，四星和五星需报省级残联审核评定。星级证书的颁发原则上安排在每年全国志愿助残阳光行动主题活动日（7月6日）期间举行。

第十七条　各级残联组织依据助残志愿者的服务业绩和

服务时间，定期组织开展评选表彰活动，授予助残志愿者荣誉称号。

（一）助残服务时间累计达到 450 小时的，优先推荐为县级志愿服务、扶残助残等表彰人选；

（二）助残服务时间累计达到 600 小时的，优先推荐为市级志愿服务、扶残助残等表彰人选；

（三）助残志愿服务时间累计达到 800 小时的，优先推荐为省级志愿服务、扶残助残等表彰人选；

（四）助残志愿服务时间累计达到 1000 小时的，优先推荐为国家级志愿服务、扶残助残等表彰人选；

（五）四星级以上助残志愿者在升学、就业、晋级、晋职、晋薪、参军、表彰奖励等过程中，各级残联组织和志愿助残注册机构应积极推荐，争取有关部门优先考虑；各级残联组织及直属企事业单位要起带头示范作用；

（六）四星级（含）以上助残志愿者名单及简要事迹应于每年的 5 月底之前由各省（自治区、直辖市）残联上报中国残疾人联合会组联部备案。

第七章　附则

第十八条　各级残联可依据本办法，结合本地实际，制定具体实施细则。

第十九条 本办法的修改、变更、解释权属于中国残疾人联合会。

第二十条 本办法自公布之日起施行。

（附件从略）

附录四　我国宪法和法律中有关保障残疾人合法权益的规定（节选）

《宪法》（1982年12月4日通过，1988年4月12日第一次修正，1993年3月29日第二次修正，1999年3月15日第三次修正，2004年3月14日第四次修正）

第三十三条　国家尊重和保障人权。

第四十五条　中华人民共和国公民在年老、疾病或者丧失劳动能力的情况下，有从国家和社会获得物质帮助的权利。国家发展为公民享受这些权利所需要的社会保险、社会救济和医疗卫生事业。

国家和社会保障残废军人的生活，抚恤烈士家属，优待军人家属。

国家和社会帮助安排盲、聋、哑和其他有残疾的公民的劳动、生活和教育。

《全国人民代表大会和地方各级人民代表大会选举法》（1979年7月1日通过，1982年12月10日第一次修正，1986年12

月2日第二次修正，1995年2月28日第三次修正，2004年10月27日第四次修正，2010年3月14日第五次修正）

第二十六条　精神病患者不能行使选举权利的，经选举委员会确认，不列入选民名单。

第三十八条　选民如果是文盲或者因残疾不能写选票的，可以委托他信任的人代写。

《民法通则》（1986年4月12日通过）

第十三条　不能辨认自己行为的精神病人是无民事行为能力人，由他的法定代理人代理民事活动。

不能完全辨认自己行为的精神病人是限制民事行为能力人，可以进行与他的精神健康状况相适应的民事活动；其他民事活动由他的法定代理人代理，或者征得他的法定代理人的同意。

第十四条　无民事行为能力人、限制民事行为能力人的监护人是他的法定代理人。

第十七条　无民事行为能力或者限制民事行为能力的精神病人，由下列人员担任监护人：

（一）配偶；

（二）父母；

（三）成年子女；

（四）其他近亲属；

（五）关系密切的其他亲属、朋友愿意承担监护责任，经精神病人的所在单位或者住所地的居民委员会、村民委员会同意的。

对担任监护人有争议的，由精神病人的所在单位或者住所地的居民委员会、村民委员会在近亲属中指定。对指定不服提起诉讼的，由人民法院裁决。

没有第一款规定的监护人的，由精神病人的所在单位或者住所地的居民委员会、村民委员会或者民政部门担任监护人。

第十九条 精神病人的利害关系人，可以向人民法院申请宣告精神病人为无民事行为能力人或者限制民事行为能力人。

被人民法院宣告为无民事行为能力人或者限制民事行为能力人的，根据他健康恢复的状况，经本人或者利害关系人申请，人民法院可以宣告他为限制民事行为能力人或者完全民事行为能力人。

第一百〇四条 残疾人的合法权益受法律保护。

第一百一十九条 侵害公民身体造成伤害的，应当赔偿医疗费、因误工减少的收入、残废者生活补助费等费用；造成死亡的，并应当支付丧葬费、死者生前扶养的人必要的生活费等费用。

第三篇 附 录

《民事诉讼法》(1991年4月9日通过，2007年10月28日第一次修正，2012年8月31日第二次修正)

第五十七条 无诉讼行为能力人由他的监护人作为法定代理人代为诉讼。法定代理人之间互相推诿代理责任的，由人民法院指定其中一人代为诉讼。

第一百八十七条 申请认定公民无民事行为能力或者限制民事行为能力，由其近亲属或者其他利害关系人向该公民住所地基层人民法院提出。

申请书应当写明该公民无民事行为能力或者限制民事行为能力的事实和根据。

第一百八十八条 人民法院受理申请后，必要时应当对被请求认定为无民事行为能力或者限制民事行为能力的公民进行鉴定。申请人已提供鉴定意见的，应当对鉴定意见进行审查。

第一百八十九条 人民法院审理认定公民无民事行为能力或者限制民事行为能力的案件，应当由该公民的近亲属为代理人，但申请人除外。近亲属互相推诿的，由人民法院指定其中一人为代理人。该公民健康情况许可的，还应当询问本人的意见。

人民法院经审理认定申请有事实根据的，判决该公民为无民事行为能力或者限制民事行为能力人；认定申请没有事实根据的，应当判决予以驳回。

我国宪法和法律中有关保障残疾人合法权益的规定（节选） 附录四

第一百九十条 人民法院根据被认定为无民事行为能力人、限制民事行为能力人或者他的监护人的申请，证实该公民无民事行为能力或者限制民事行为能力的原因已经消除的，应当做出新判决，撤销原判决。

二百五十七条 有下列情形之一的，人民法院裁定终结执行：

（一）申请人撤销申请的；

（二）据以执行的法律文书被撤销的；

（三）作为被执行人的公民死亡，无遗产可供执行，又无义务承担人的；

（四）追索赡养费、扶养费、抚育费案件的权利人死亡的；

（五）作为被执行人的公民因生活困难无力偿还借款，无收入来源，又丧失劳动能力的；

（六）人民法院认为应当终结执行的其他情形。

《**刑法**》（1979年7月1日通过，1997年3月14日修订，1997年至今全国人大常委会先后颁布8个刑法修正案）

第十八条 精神病人在不能辨认或者不能控制自己行为的时候造成危害结果的，不负刑事责任；但是应当责令他的家属或者监护人严加看管和医疗；在必要的时候，由政府强制医疗。

间歇性的精神病人在精神正常的时候犯罪,应当负刑事责任。

尚未完全丧失辨认或者控制自己行为能力的精神病人犯罪的,应当负刑事责任,但是可以从轻或者减轻处罚。

第十九条 又聋又哑的人或者盲人犯罪,可以从轻、减轻或者免除处罚。

第二百三十四条 故意伤害他人身体的,处三年以下有期徒刑、拘役或者管制。

犯前款罪,致人重伤的,处三年以上十年以下有期徒刑;致人死亡或者以特别残忍手段致人重伤造成严重残疾的,处十年以上有期徒刑、无期徒刑或者死刑。本法另有规定的,依照规定。

第二百六十一条 对于年老、年幼、患病或者其他没有独立生活能力的人,负有扶养义务而拒绝扶养,情节恶劣的,处五年以下有期徒刑、拘役或者管制。

第二百六十二条 以暴力、胁迫手段组织残疾人或者不满十四周岁的未成年人乞讨的,处三年以下有期徒刑或者拘役,并处罚金;情节严重的,处三年以上七年以下有期徒刑,并处罚金。

第二百八十九条 聚众"打砸抢",致人伤残、死亡的,依照本法第二百三十四条、第二百三十二条的规定定罪处罚。

我国宪法和法律中有关保障残疾人合法权益的规定（节选） 附录四

毁坏或者抢走公私财物的，除判令退赔外，对首要分子，依照本法第二百六十三条的规定定罪处罚。

第四百四十五条 战时在救护治疗职位上，有条件救治而拒不救治危重伤病军人的，处五年以下有期徒刑或者拘役；造成伤病军人重残、死亡或者有其他严重情节的，处五年以上十年以下有期徒刑。

《刑事诉讼法》（1979年7月1日通过，1996年3月17日第一次修正，2012年3月14日第二次修正）

第三十四条 犯罪嫌疑人、被告人是盲、聋、哑人，或者是尚未完全丧失辨认或者控制自己行为能力的精神病人，没有委托辩护人的，人民法院、人民检察院和公安机关应当通知法律援助机构指派律师为其提供辩护。

第六十条 生理上、精神上有缺陷或者年幼，不能辨别是非、不能正确表达的人，不能作证人。

第一百一十九条 讯问聋、哑的犯罪嫌疑人，应当有通晓聋、哑手势的人参加，并且将这种情况记明笔录。

《劳动法》（1994年7月5日通过）

第十四条 残疾人、少数民族人员、退出现役的军人的就业，法律、法规有特别规定的，从其规定。

第二十九条 劳动者有下列情形之一的,用人单位不得依据本法第二十六条、第二十七条的规定解除劳动合同:

(一)患职业病或者因工负伤并被确认丧失或者部分丧失劳动能力的;

(二)患病或者负伤,在规定的医疗期内的;

(三)女职工在孕期、产期、哺乳期内的;

(四)法律、行政法规规定的其他情形。

第七十条 国家发展社会保险事业,建立社会保险制度,设立社会保险基金,使劳动者在年老、患病、工伤、失业、生育等情况下获得帮助和补偿。

第七十三条 劳动者在下列情形下,依法享受社会保险待遇:

(一)退休;

(二)患病、负伤;

(三)因工伤残或者患职业病;

(四)失业;

(五)生育。

劳动者死亡后,其遗属依法享受遗属津贴。

劳动者享受社会保险待遇的条件和标准由法律、法规规定。

劳动者享受的社会保险金必须按时足额支付。

我国宪法和法律中有关保障残疾人合法权益的规定（节选） 附录四

《教育法》（1995年3月18日通过）

第十条 国家扶持和发展残疾人教育事业。

第三十八条 国家、社会、学校及其他教育机构应当根据残疾人身心特性和需要实施教育，并为其提供帮助和便利。

《义务教育法》（1986年4月12日通过，2006年6月29日修订）

第六条 国务院和县级以上地方人民政府应当合理配置教育资源，促进义务教育均衡发展，改善薄弱学校的办学条件，并采取措施，保障农村地区、民族地区实施义务教育，保障家庭经济困难的和残疾的适龄儿童、少年接受义务教育。

第十九条 县级以上地方人民政府根据需要设置相应的实施特殊教育的学校（班），对视力残疾、听力语言残疾和智力残疾的适龄儿童、少年实施义务教育。特殊教育学校（班）应当具备适应残疾儿童、少年学习、康复、生活特点的场所和设施。

普通学校应当接收具有接受普通教育能力的残疾适龄儿童、少年随班就读，并为其学习、康复提供帮助。

第三十一条 特殊教育教师享有特殊岗位补助津贴。在民族地区和边远贫困地区工作的教师享有艰苦贫困地区补助津贴。

第四十三条　特殊教育学校（班）学生人均公用经费标准应当高于普通学校学生人均公用经费标准。

《高等教育法》（1998年8月29日通过）

第九条　公民依法享有接受高等教育的权利。

国家采取措施，帮助少数民族学生和经济困难的学生接受高等教育。

高等学校必须招收符合国家规定的录取标准的残疾学生入学，不得因其残疾而拒绝招收。

《职业教育法》（1996年5月15日通过）

第七条　国家采取措施，发展农村职业教育，扶持少数民族地区、边远贫困地区职业教育的发展。

国家采取措施，帮助妇女接受职业教育，组织失业人员接受各种形式的职业教育，扶持残疾人职业教育的发展。

第十五条　残疾人职业教育除由残疾人教育机构实施外，各级各类职业学校和职业培训机构及其他教育机构应当按照国家有关规定接纳残疾学生。

第三十二条　职业学校、职业培训机构可以对接受中等、高等职业学校教育和职业培训的学生适当收取学费，对经济困难的学生和残疾学生应当酌情减免。收费办法由省、自治区、

我国宪法和法律中有关保障残疾人合法权益的规定（节选） 附录四

直辖市人民政府规定。

《体育法》（1995年8月29日通过）

第十六条　全社会应当关心、支持老年人、残疾人参加体育活动。各级人民政府应当采取措施，为老年人、残疾人参加体育活动提供方便。

第十八条　学校必须开设体育课，并将体育课列为考核学生学业成绩的科目。

学校应当创造条件为病残学生组织适合其特点的体育活动。

第四十六条　公共体育设施应当向社会开放，方便群众开展体育活动，对学生、老年人、残疾人实行优惠办法，提高体育设施的利用率。

《婚姻法》（1980年9月10日通过，2001年4月28日修正）

第七条　有下列情形之一的，禁止结婚：

（一）直系血亲和三代以内的旁系血亲；

（二）患有医学上认为不应当结婚的疾病。

第十八条　有下列情形之一的，为夫妻一方的财产：

（一）一方的婚前财产；

（二）一方因身体受到伤害获得的医疗费、残疾人生活补助费等费用；

（三）遗嘱或赠与合同中确定只归夫或妻一方的财产；

（四）一方专用的生活用品；

（五）其他应当归一方的财产。

第二十一条 父母对子女有抚养教育的义务；子女对父母有赡养扶助的义务。

父母不履行抚养义务时，未成年的或不能独立生活的子女，有要求父母付给抚养费的权利。

子女不履行赡养义务时，无劳动能力的或生活困难的父母，有要求子女付给赡养费的权利。

禁止溺婴、弃婴和其他残害婴儿的行为。

《妇女权益保障法》（1992年4月3日通过，2005年8月28日修正）

第十八条 政府、社会、学校应当采取有效措施，解决适龄女性儿童少年就学存在的实际困难，并创造条件，保证贫困、残疾和流动人口中的适龄女性儿童少年完成义务教育。

第三十八条 妇女的生命健康权不受侵犯。禁止溺、弃、残害女婴；禁止歧视、虐待生育女婴的妇女和不育的妇女；禁止用迷信、暴力等手段残害妇女；禁止虐待、遗弃病、残妇女

我国宪法和法律中有关保障残疾人合法权益的规定（节选） 附录四

和老年妇女。

《未成年人保护法》（1991年9月4日通过，2006年12月29日修订）

第十条　禁止对未成年人实施家庭暴力，禁止虐待、遗弃未成年人，禁止溺婴和其他残害婴儿的行为，不得歧视女性未成年人或者有残疾的未成年人。

第二十八条　各级人民政府应当保障未成年人受教育的权利，并采取措施保障家庭经济困难的、残疾的和流动人口中的未成年人等接受义务教育。

《老年人权益保障法》（1996年8月29日通过，2009年8月27日修正，2012年12月28日修订）

第三十条　国家逐步开展长期护理保障工作，保障老年人的护理需求。

对生活长期不能自理、经济困难的老年人，地方各级人民政府应当根据其失能程度等情况给予护理补贴。

第三十一条　老年人无劳动能力、无生活来源、无赡养人和扶养人，或者其赡养人和扶养人确无赡养能力或者扶养能力的，由地方各级人民政府依照有关规定给予供养或者救助。

第四十一条　政府投资兴办的养老机构，应当优先保障经济困难的孤寡、失能、高龄等老年人的服务需求。

《收养法》(1991年12月29日通过,1998年11月4日修正)

第八条 收养人只能收养一名子女。

收养孤儿、残疾儿童或者社会福利机构抚养的查找不到生父母的弃婴和儿童,可以不受收养人无子女和收养一名的限制。

第十二条 未成年人的父母均不具备完全民事行为能力的,该未成年人的监护人不得将其送养,但父母对该未成年人有严重危害可能的除外。

第三十条 收养关系解除后,经养父母抚养的成年养子女,对缺乏劳动能力又缺乏生活来源的养父母,应当给付生活费。因养子女成年后虐待、遗弃养父母而解除收养关系的,养父母可以要求养子女补偿收养期间支出的生活费和教育费。

《继承法》(1985年4月10日通过)

第六条 无行为能力人的继承权、受遗赠权,由他的法定代理人代为行使。

限制行为能力人的继承权、受遗赠权,由他的法定代理人代为行使,或者征得法定代理人同意后行使。

第十三条 对生活有特殊困难的缺乏劳动能力的继承人,

我国宪法和法律中有关保障残疾人合法权益的规定（节选） 附录四

分配遗产时，应当予以照顾。

第十四条 对继承人以外的依靠被继承人扶养的缺乏劳动能力又没有生活来源的人，或者继承人以外的对被继承人扶养较多的人，可以分给他们适当的遗产。

第十八条 下列人员不能作为遗嘱见证人：

（一）无行为能力人、限制行为能力人；

（二）继承人、受遗赠人；

（三）与继承人、受遗赠人有利害关系的人。

第十九条 遗嘱应当对缺乏劳动能力又没有生活来源的继承人保留必要的遗产份额。

第二十二条 无行为能力人或者限制行为能力人所立的遗嘱无效。

《兵役法》（1984年5月31日通过，1984年5月31日第一次修正，2009年8月27日第二次修正，2011年10月29日第三次修正）

第三条 有严重生理缺陷或者严重残疾不适合服兵役的人，免服兵役。

第五十六条 现役军人，残疾军人，退出现役军人，烈士、因公牺牲、病故军人遗属，现役军人家属，应当受到社会的尊重，受到国家和社会的优待。军官、士官的家属随军、就业、工作调动以及子女教育，享受国家和社会的优待。

第五十七条 现役军人因战、因公、因病致残的，按照国家规定评定残疾等级，发给残疾军人证，享受国家规定的待遇和残疾抚恤金。因工作需要继续服现役的残疾军人，由所在部队按照规定发给残疾抚恤金。

现役军人因战、因公、因病致残的，按照国家规定的评定残疾等级采取安排工作、供养、退休等方式妥善安置。有劳动能力的退出现役的残疾军人，优先享受国家规定的残疾人就业优惠政策。

残疾军人、患慢性病的军人退出现役后，由安置地的县级以上地方人民政府按照国务院、中央军事委员会的有关规定负责接收安置；其中，患过慢性病旧病复发需要治疗的，由当地医疗机构负责给予治疗，所需医疗和生活费用，本人经济困难的，按照国家规定给予补助。

现役军人、残疾军人参观游览公园、博物馆、展览馆、名胜古迹享受优待；优先购票乘坐境内运行的火车、轮船、长途汽车以及民航班机；其中，残疾军人按照规定享受减收正常票价的优待，免费乘坐市内公共汽车、电车和轨道交通工具。义务兵从部队发出的平信，免费邮递。

第六十一条 士官在服现役期间因战、因公、因病致残丧失工作能力的，按照国家有关规定安置。

我国宪法和法律中有关保障残疾人合法权益的规定（节选） 附录四

第六十三条　军官在服现役期间因战、因公、因病致残丧失工作能力的，按照国家有关规定安置。

第六十五条　民兵、预备役人员因参战、参加军事训练、执行军事勤务牺牲、致残的，学生因参加军事训练牺牲、致残的，由当地人民政府依照军人抚恤优待条例的有关规定给予抚恤优待。

《个人所得税法》（1980年9月10日通过，1993年10月31日、1999年8月30日、2005年10月27日、2007年6月29日、2007年12月29日、2011年6月30日六次修正）

第四条　下列各项个人所得，免纳个人所得税：

……

四、福利费、抚恤金、救济金；

第五条　有下列情形之一的，经批准可以减征个人所得税：

一、残疾、孤老人员和烈属的所得；

二、因严重自然灾害造成重大损失的；

三、其他经国务院财政部门批准减税的。

《产品质量法》（1993年2月22日通过，2000年7月8日修正）

第四十四条　因产品存在缺陷造成受害人人身伤害的，侵害人应当赔偿医疗费、治疗期间的护理费、因误工减少的收入等费用；造成残疾的，还应当支付残疾者生活自助具费、生活补助费、残疾赔偿金以及由其扶养的人所必需的生活费等费用；造成受害人死亡的，并应当支付丧葬费、死亡赔偿金以及由死者生前扶养的人所必需的生活费等费用。

因产品存在缺陷造成受害人财产损失的，侵害人应当恢复原状或者折价赔偿。受害人因此遭受其他重大损失的，侵害人应当赔偿损失。

《国家赔偿法》（1994年5月12日通过，2010年4月29日第一次修正，2012年10月26日第二次修正）

第三十四条 侵犯公民生命健康权的，赔偿金按照下列规定计算：

（一）造成身体伤害的，应当支付医疗费、护理费，以及赔偿因误工减少的收入。减少的收入每日的赔偿金按照国家上年度职工日平均工资计算，最高额为国家上年度职工年平均工资的五倍；

（二）造成部分或者全部丧失劳动能力的，应当支付医疗费、护理费、残疾生活辅助具费、康复费等因残疾而增加的必要支出和继续治疗所必需的费用，以及残疾赔偿金。残疾赔偿金根据丧失劳动能力的程度，按照国家规定的伤残等级确定，

我国宪法和法律中有关保障残疾人合法权益的规定（节选） 附录四

最高不超过国家上年度职工年平均工资的二十倍。造成全部丧失劳动能力的，对其扶养的无劳动能力的人，还应当支付生活费；

（三）造成死亡的，应当支付死亡赔偿金、丧葬费，总额为国家上年度职工年平均工资的二十倍。对死者生前扶养的无劳动能力的人，还应当支付生活费。

前款第二项、第三项规定的生活费的发放标准，参照当地最低生活保障标准执行。被扶养的人是未成年人的，生活费给付至十八周岁止；其他无劳动能力的人，生活费给付至死亡时止。

《广告法》（1994年10月27日通过）

第八条　广告不得损害未成年人和残疾人的身心健康。

第四十七条　广告主、广告经营者、广告发布者违反本法规定，有下列侵权行为之一的，依法承担民事责任：

（一）在广告中损害未成年人或者残疾人的身心健康的；

……

《消费者权益保护法》（1993年10月31日通过，2009年8月27日第一次修正，2013年10月25日第二次修正）

第四十九条　经营者提供商品或者服务，造成消费者或者其他受害人人身伤害的，应当赔偿医疗费、护理费、交通费等为治疗和康复支出的合理费用，以及因误工减少的收入。造成残疾的，还应当赔偿残疾生活辅助具费和残疾赔偿金。造成死亡的，还应当赔偿丧葬费和死亡赔偿金。

《人口与计划生育法》（2001年12月29日通过）

第二十七条　独生子女发生意外伤残、死亡，其父母不再生育和收养子女的，地方人民政府应当给予必要的帮助。

《道路交通安全法》（2003年10月28日，2007年12月29日第一次修正，2011年4月22日第二次修正）

第三十四条　学校、幼儿园、医院、养老院门前的道路没有行人过街设施的，应当施画人行横道线，设置提示标志。

城市主要道路的人行道，应当按照规划设置盲道。盲道的设置应当符合国家标准。

第五十八条　残疾人机动轮椅车、电动自行车在非机动车道内行驶时，最高时速不得超过十五公里。

第六十四条　学龄前儿童以及不能辨认或者不能控制自己行为的精神疾病患者、智力障碍者在道路上通行，应当由其监护人、监护人委托的人或者对其负有管理、保护职责的人带领。

盲人在道路上通行，应当使用盲杖或者采取其他导盲手段，车辆应当避让盲人。

《国防法》（1997年3月14日通过）

第六十二条　国家和社会抚恤优待残疾军人，对残疾军人的生活和医疗依法给予特别保障。

因战、因公致残或者致病的残疾军人退出现役后，县级以上人民政府应当及时接收安置，并保障其生活不低于当地的平均生活水平。

《人民警察法》（1995年2月28日通过，2012年10月26日修订）

第四十一条　人民警察因公致残的，与因公致残的现役军人享受国家同样的抚恤和优待。

附录五　无障碍设施及残疾人辅助器具

如果为有残疾者适配相应的辅助器具，给予适当的训练，将公共场所、家庭环境的物质障碍予以消除，特别是改变人们对"残疾"现象的态度，将极大地消除"残疾"对人的限制，这就是我们常说的"无障碍"。"无障碍"内涵非常丰富，宏观上包括人文环境无障碍、物质环境无障碍、信息交流无障碍三大类。这里主要介绍一些物质环境无障碍知识，供志愿者了解。

一、常见的无障碍设施

（一）坡道和扶手

坡道是联系地面不同高度空间的设施，坡道的位置要靠近建筑物的主要出入口和醒目地段，并悬挂国际无障碍通用标志。

国际无障碍通用标志

无障碍设施及残疾人辅助器具 附录五

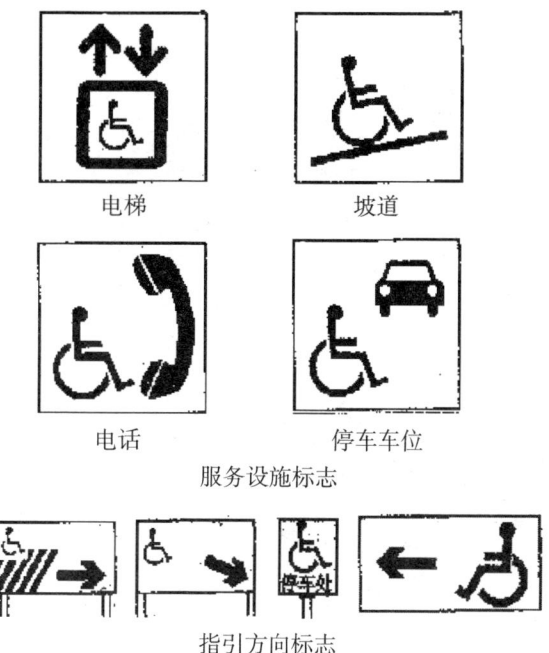

服务设施标志

指引方向标志

可设计成直线形、L形或U字形等，不能设计成圆形或弧形。

坡道的坡度不应大于1：12（高度1，长度12）的国际统一规定，在有条件的地方，坡度为1：16或1：20则比较理想。

在室内的坡道宽度应不小于100cm，以保障一辆轮椅通行。在室外的坡道宽度应不小于120cm，以保障一辆轮椅和一个侧身人体通行的宽度。

第三篇 附 录

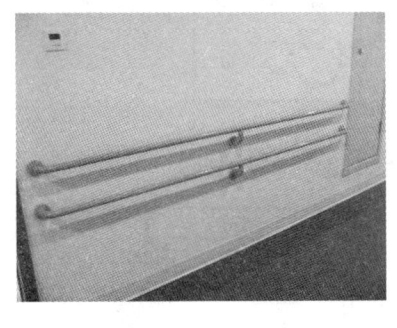

扶手是残疾人在通行中的重要辅助设施,用来保持身体平衡和协助使用者行进。

在坡道、台阶、楼梯、走廊的两侧应设扶手。扶手安装的高度为 85 至 90cm。

在水平扶手上安装盲文标志,可向视残者提供信息。如果考虑乘轮椅者及儿童的使用方便,可安装上下两层扶手。

(二)无障碍公共厕所

残疾人使用的厕所位置要易于寻找和接近,并有无障碍标志作为引导,入口的坡道设计应便于轮椅出入。室内要有直径不小于 150cm 的轮椅回转空间。厕所内部要设有供乘轮椅者方便进入和使用的坐式便器的厕位及小便器、洗手盆、安全抓杆等设施。

(三)轮椅座席和残疾人停车位

在社区的各类公共场所,如社区活动中心、图书馆、温馨家园、社区运动场所等,应设置残疾人方便到达和使用的轮椅席。

轮椅席应设在出入方便的地段，靠近各类场所的入口处和安全出口处，轮椅席的位置不能影响其他观众的视线，也不应对走道产生妨碍，其通行路线要便捷，不仅能够方便出入，还应考虑方便到达卫生间。

轮椅席的深度为110cm，与轮椅自身的长度基本一致，一个轮椅的宽度为80cm，是乘轮椅者的手臂推动轮椅时所需要的最小宽度。2个轮椅席的宽度约为3个观众固定座椅的宽度。

残疾人停车车位的数量应根据残疾人的使用情况而定，但不应少于总停车数的2%，要保证至少有1个停车车位。在车位地面的中心部位要涂有无障碍标志牌。停车场地面应保持平整，当有坡度时，最大的坡度不宜超过1∶50。在停车车位的一侧与相邻的车位之间，应留有宽120cm以上的轮椅通道。

（四）盲道

盲道可分为向前方直线行走的"行进盲道"和行走路线改

第三篇　附　录

变方向或地面出现高差的"提示盲道"两种形式。前一种行进盲道表面呈条形，告知盲人可向前继续行走。后一种提示盲道的表面呈圆点形，告知盲人行走的路线要转弯，或告知前方是台阶、坡道、建筑入口、门、楼梯、电梯、洗手间及公交站台等位置。

（五）其他

在城市中的一些区域和公共建筑、公园、旅游点中，设置残疾者可用的盲道"触觉地图"，沿着途中的导盲声体、触觉信号、地理标志、变化的光源、墙面上的图形和特殊的导向装置等，指引视障者行进。

二、残疾人辅助器具及家庭无障碍

（一）视力残疾人使用的辅助器具。

1. 盲杖

盲杖是视力残疾人行走的辅助工具，正规的盲杖可分为腕带、手柄、杖体、杖尖四部分，杖体红白相间，长度为地面到使用者胸口处为宜。标准的盲杖还起交通警示的作用,告知路人和车辆,执杖者是视力残疾人。

2. 低视力者使用的辅助器具。

所有可以改善低视力者活动能力的装置或设备都可以叫助视器。种类很多,可分为光学助视器和非光学助视器,也可分为近用助视器和远用助视器。

光学助视器分为近用和远用两种。近用光学助视器放大倍数为2～6倍,常用的有使用方便的手持放大镜,视野较大的眼镜助视器,固定或可调焦距的立式放大镜,提高光照、明亮和对比度的光源助视器等。

远用光学助视器放大倍数为2～8倍,常用的有视野较广的眼镜式望远镜,焦距可调的单筒手持望远镜,卡在矫正眼镜上的卡式望远镜,双焦望远镜等。

电子助视器适合中度、重度低视力患者使用,放大倍数可达几十倍。常用的有自带显示屏的桌上型黑白助视器、可看远看近的携带型教室用助视器、通过记忆存储随意显示文字的桌上型人工智能助视器、方便阅读书写的行动式读写助视器、随身携带的简便型彩色助视器、具备供电系统的口袋型彩色助视器、戴在头上的低视力电子眼等。

放大镜有手持式、镇纸型、眼镜式、支架式、胸挂式等多种式样;可带或不带照明灯;有不同的放大倍数。多用于阅读、观看微小物体、精细的手工操作。

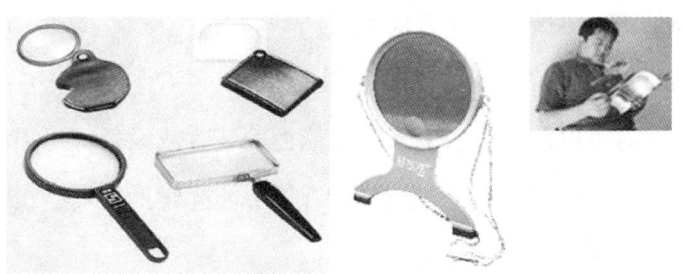

近用胸挂式放大镜

望远镜也称远用助视器。它有单筒和双筒之分，低视力者多使用单筒望远镜。多用于观看远处物体，例如：黑板、张贴的广告、比赛场地、舞台等。

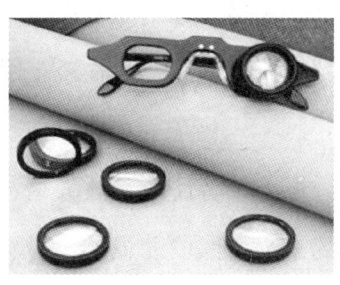 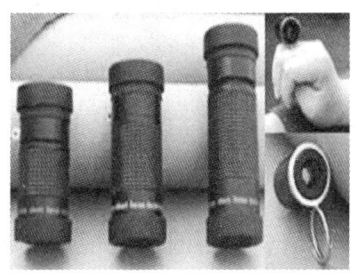

近用单筒望远镜　　　　　　　近用两用望远镜

注意：

志愿者要提醒视力残疾人，使用望远镜时不要行走，以免发生危险。

志愿者不要随便动视障者的助视器，特别是不要用手直接摸镜片，以免污染镜片或造成损坏。

3. 视力残疾人的家庭无障碍

居室　地面应平坦、防滑，不要有台阶等障碍。居室的家具避免锐角；特别提醒注意的是不要使用玻璃茶几。

物品摆放以盲人方便为原则，各类物品、工具位置固定，不随意变换主人用品的位置，使用后随即放回原来位置。

卫生间　盥洗设施避免锐角。洗漱用品不宜摆放过多。浴液与洗发水等用品，最好以不同的容器形状来提示盲人，区分使用。剃须刀等不宜摆放在脸盆边缘，以免掉落时伤人。

厨房及就餐环境　厨房用品用具摆放规律、便捷、安全取用。抹布、纸巾等易燃品要远离火源。盲人使用的生熟菜板要设计标记来区分，低视力残疾人可用不同颜色的菜板来区分。视力残疾人避免使用尖头的厨用刀具和餐刀。家中各类食品的保质期应有盲文提示或者语音提示。

家务管理　视力残疾人的家居用品以简洁为原则。各类物品要常整理、常清理。衣橱、物品储藏间尽量安装推拉门，取出衣物十分便利。在玻璃门窗上贴些窗花。

报警设备　报警方式可以广泛地运用在盲人使用的手机、盲文电话机、声音放大电话机等各类电子产品中。

（二）听力、言语残疾人的辅助器具

听力残疾人常用的辅助器具有三类，一类是补偿听力功能的必备用品——助听器、耳膜，一类是代偿听力功能的人工耳蜗，一类是生活辅助器具。

助听器： 传统概念助听器是一个能够将声音进行放大，用于个体使用的小型扩音器。

助听器的种类 从外形上分可以分为：盒式、耳背式、耳内式、耳道式、深耳道式。

耳背式：适合任何类型的听力损失的人用。

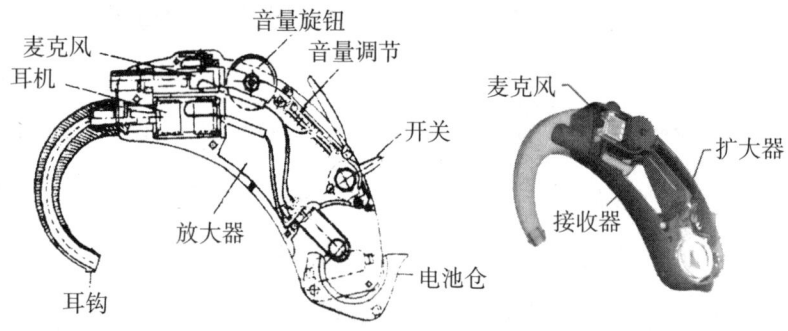

耳背式助听器的基本结构图

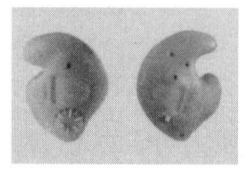

耳内式：是放在耳内的助听器，通常是适合轻度到中度听力损失的人使用，但通常不建议年纪较小的小孩使用。

提示：验配助听器前要做检查。

人工耳蜗

人工耳蜗是目前仿生学科技含量最高的一种电子装置，可以完全替代受损的内耳毛细胞，它可以将外界的声音转化为神经电脉冲信号，绕过听觉系统里

坏死的毛细胞，直接刺激听觉神经的螺旋神经节，将讯息传递到大脑。

配备信号辅助用具，如听力、言语残疾人用闪光门铃，听力、言语残疾人用振动闹钟。

（三）肢残人无障碍及辅助器具

肢体残疾人常用的辅助器具有：用于康复训练的康复训练辅助器械，用于方便出行移动的代步、助行器具、假肢、矫形器，用于增强其生活独立性的自助具。

1. 矫形器和假肢。

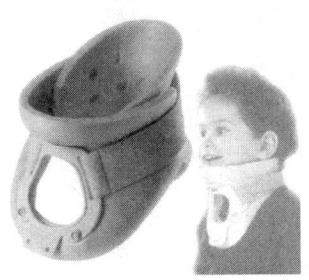
a. 矫形器

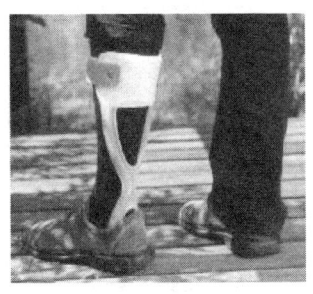
b. 假肢

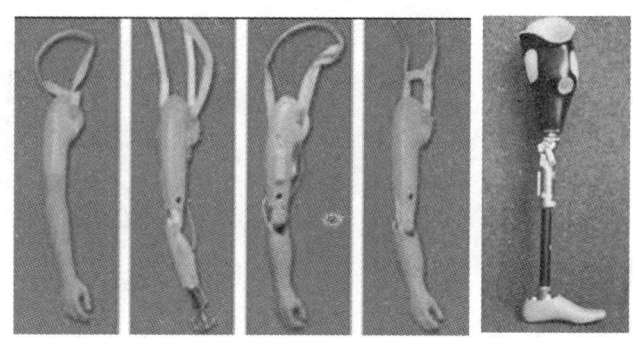

2. 生活自理及防护辅助器具。包括残疾人的衣帽鞋袜等着装及穿脱辅助器具、大小便收集器具、五官肢体防护器具、洗漱浴等洁身辅助器等。

3. 个人移动辅助器具。包括各种拐杖、助行器、轮椅、机动车和自力车及附件等。

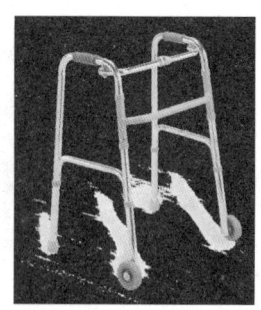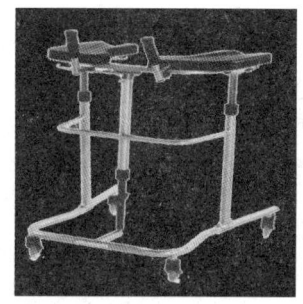

轮式助行架助行台

4. 家务管理辅助器具。一是用于饮食物品的准备、清洗、储存、进食等的特殊餐饮器具，如单手切菜板、水果削皮器、单手炒锅架、单手开瓶器、夹持式筷子、防洒碗碟、防滑布、带粗把的餐具、水杯，重残人的喂食用具等。二是清扫房间及缝补衣服的有关器具，如持物钳、长把扫把和畚箕、吸尘器、专用缝纫机、编织机、剪刀、顶针、洗衣机、刷鞋用具等。

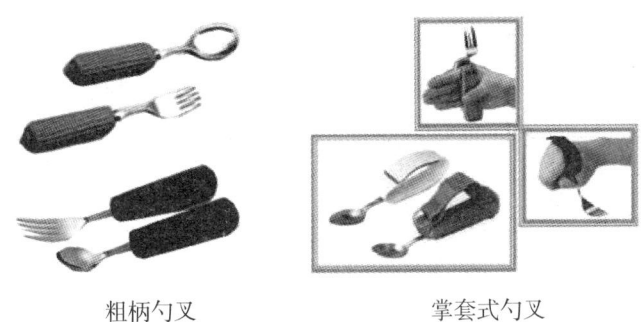

粗柄勺叉　　　　　　掌套式勺叉

5. 家庭及其他场所使用的家具及适配件。常用的有：桌子、固定灯、可调座椅、高度可调床、可调整躺下姿势的床、滑动门、转动门、家用升降装置、楼梯防滑材料、急救信号铃、防护栏等。

 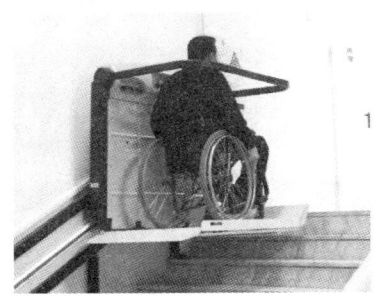

6. 通讯、信息及信号辅助器具。包括视、听读写辅助器具。肢体残疾人常用的有：用短木棒加粗的持笔器、打字自助具、方便残疾者阅读的自助具（供长期卧床不起的患者阅读用棱镜）、翻页器、替代性键盘、替代性鼠标或操作电脑的特殊输入装置。

7. 肢体残疾人的家庭无障碍

居室

要保障轮椅移动的顺畅，出入门、电梯，楼门楼道出入口确保无障碍通行。上肢缺失者居室的门把手，必须是"一"字形的把手。随着科技的进步，未来的门窗可设计为感应式的装置，将极大便利上肢缺失者。

卫生间

要提供轮椅的停留空间，在浴盆的一端设宽40cm的洗浴坐台，或在淋浴下方设安全座椅。在坐便器及浴盆或淋浴周围，需要设置安全抓杆。在浴缸的一侧，要留有直径不小于150cm的轮椅回转空间，以方便乘轮椅者料理各种有关事务。淋浴喷头应安装在适合取用的位置。

对于上肢缺失者来说，如厕和洗浴均有很多障碍，如能根据他们的特殊需求，在厕所安装穿脱衣裤的装置、辅助洗澡的装置，将有利于他们的自理。

重度肢体残疾人的居室及卫生间内，应设置呼叫按钮，遇紧急情况可以提供及时救助。

图书在版编目（CIP）数据

志愿助残工作手册/中国残疾人联合会组联部编 . -- 北京：华夏出版社，2015.4（2019.11 重印）

ISBN 978-7-5080-7136-7

Ⅰ . ①志… Ⅱ . ①中… Ⅲ . ①残疾人 – 志愿 – 社会服务 – 中国 – 手册 Ⅳ . ① D669.69-62 ② D669.3-62

中国版本图书馆 CIP 数据核字（2015）第 025959 号

志愿助残工作手册

编　　者	中国残疾人联合会组联部
责任编辑	黄　欣
出版发行	华夏出版社
经　　销	新华书店
印　　刷	北京市建筑工业印刷厂分厂
装　　订	北京市建筑工业印刷厂分厂
版　　次	2015 年 4 月北京第 1 版 2019 年 11 月北京第 5 次印刷
开　　本	880×1230　1/32 开
印　　张	7.75
字　　数	150 千字
定　　价	28.00 元

华夏出版社　　地址：北京市东直门外香河园北里 4 号　　邮编：100028
　　　　　　　　网址：www.HXPH.com.cn　　　电话：（010）64618981
若发现本版图书有印装质量问题，请与我社营销中心联系调换。